やさしい初歩のハングル

決まり文句

金容権 著

南雲堂

はしがき

　「韓国語」か「朝鮮語」か、という論争をこえて「ハングル」は日本でその学習においても、また呼称においても定着しつつあります。テレビ・ラジオ・月刊誌などでハングルが専門に教えられるようになったところに、そのことは端的に表れています。
　しかし、専門誌やハングル関係の本の売れ行きはひところのようによくないと言われています。とは言っても「ハングル」を学びたいという、いわば「ハングル」人口はけっして減っているわけではありません。むしろ増えつづけているのが現状のようです。それなのに、書籍の売れ行きが今ひとつなのはどうしてなのでしょうか。おそらくそれは、メソードと言うか、教え方があまりにかたくるしいのではないかと思われます。
　英語、フランス語などはさまざまな人によって、いろいろな教え方がなされていますが、「ハングル」の場合は大学での教え方がそのまま一般に提供されているきらいがあります。それはそれなりにいいのですが、学生とは異なり日々時間と仕事に追われて、「ハングル」だけを専門にやるわけにはいかない一般の人にはシンドさがつきまといます。
　このような点を考慮しつつ、日常的によく使われる単語・短文を覚えることから「ハングル」に親しむ企てをしたのがこの本です。どのようなことでも、それを身につけるのに特別な「王道」はありません。しかし、こと「ハングル」に関しては日本語を知っている者にとっては、王道とは言わなくても「近道」はあります。本文にもある通り、語順がそっくりなので、単語をたくさん覚え

ればいいこと、漢字という共通性がある、などといった点がそれです。

　本書はこうした点を十分に考慮して編集してみました。なお、時間のない方や、めんどうな文法くさい説明がいやな方は、第1章を読まずにいきなり2章から入っていってもかまいません。2章、3章が本書の中心ですが、4章もすでに漢字を心得ている方がたには、「ハングル」と漢字の対応関係になじむことができるはずです。

　「ハングル」の文字の形におそれずに入って行くと、隣国であるだけに言葉も近いことを実感します。力まずに、地道に、そして確実に進めて行きましょう。

2004年2月　　著者識

も　く　じ

はしがき

第1章　ハングルのかたちと発音

　ハングルとは何でしょう／8

　ハングルの実際のかたち／8

　ハングルの構成／10

　ハングルの母音・基本形／14

　ハングルの子音・基本形／15

　基本母音10と基本子音14からなる単語／16

　ハングルの母音・複合形／17

　ハングルの子音・複合形／18

　※絵を見て発音の練習をしましょう／19・20

　ハングルのやさしい単語／21

　パッチムのある単語／23

　リエゾン(連音現象)／27

　ハングルのウォーミングアップ／28

　発音上の若干の注意／31

第2章　シチュエーション別 単語と会話

こ・そ・あ・ど／34	人称代名詞／36
基本助詞／38	基本動詞・1／40
基本動詞・2／42	基本動詞・3／44
基本形容詞・1／46	基本形容詞・2／48

色／50	数字／52
日・月・年／54	基本助数詞／56
基本副詞／58	季節と月／60
曜日／62	時／64
時間／66	方向／68
職業／70	家族／72
家／74	体／76
服装／78	スポーツ／80
野球／82	娯楽／84
天気／86	疑問／88
男と女／90	電話／92
国ぐに／94	空港／96
交通機関／98	都市／100
ホテル／102	百貨店／104
タバコ／106	居酒屋／108
食堂／110	食べ物／112
味／114	喫茶店／116
駅／118	郵便／120
銀行／122	コンピューター／124
文房具／126	本屋／128
学校／130	大学／132
病気／134	観光地／136
自然／138	否定形／140

動物／142　　　　　　植物／144

　　※韓国人の名前／146

第3章　ハングルの決まり文句

　　① あいさつ／148　　　② お礼／150

　　③ おわび／152　　　　④ お願い／154

　　⑤ 勧誘／156　　　　　⑥ 招待／158

　　⑦ 時間／160　　　　　⑧ 場所／162

　　⑨ 道案内／164　　　　⑩ ほめことば／166

　　※ハングルの音楽性／168

第4章　ハングルと漢字 基本単語

　　漢字とハングルの関係／170

　　ハングルでよく使う主な漢字熟語／177

　　よく使われるハングルの基本単語／203

第1章

ハングルのかたちと発音

ハングルとは何でしょう

「ハングルとは何でしょう」という問いかけは、「仮名文字とは何でしょう」に置き換えるとよくわかります。仮名とは「日本語で使われる日本独自の音節文字」、つまり「日本の文字」です。これと同じく「ハングル」とは、「韓国の文字」と答えることができます。

ところで「仮名」は漢字の「真名」、つまり「本当の名(文字)」を基準にして「仮の名(文字)」と呼ばれています。「ハングル」は今日でこそ、「ハン」が「大きい、正しい、真」を意味し、「グル」が「文字」を意味していますが、100年ちょっと前までは仮名と同じように俗っぽくて、卑しい文字を意味する「諺文」(オンムン、おんもん)と呼ばれていました。

また、「ハングル」の「グル」の発音ですが、単独だと「クル」となるのに「ハングル」では「グル」になります。つまり「ク」は言葉の語頭に来ると清音になり、語中・語尾に来ると濁音で発音します。これについては後でくわしく触れることにします。

現在日本では、ハングルを「韓国文字」の他に「韓国語」「朝鮮語」という意味でも使っています。この本でも、2つの意味で使っています。

日本人にとって、ハングルは片仮名によく似た形であり、文法も日本語そっくりなので、とても外国語とは思えない親近感を持つはずです。このことは、学んでいくうちにますます感じることでしょう。

ハングルの実際のかたち

さきにハングルは片仮名によく似ていると言いましたが、実際にそうです。角ばったところが本当によく似ています。ハングルでは角ばった文字以外に「ㅇ」もありますが、それを除くとそっくりだと言ってもいいでしょう。実際の例を見てみましょう。

第1章

우리 나라를 사랑하고 우리 말을 사랑하자.
ウリ　ナラルル　サランハゴ　ウリ　マルル　サランハジャ

　上の例文は「自分の国を愛して、自分の言葉を愛そう」という意味です。愛は「사랑」と書いて[サラン]と読みます。東京の代々木駅前に「サラン」という喫茶店がありますが、これはおそらく韓国人(朝鮮人)が経営している店でしょう。そう言えば、「サ～ランヘ、タンシヌル」(愛してるよ、あなたを)という韓国の演歌もありますね。こんなことはどうでもよいのですが、「사랑하자」(愛そう) のハングルを分解して考えてみましょう。

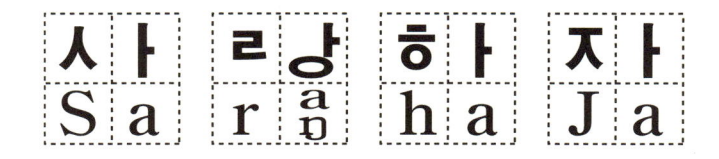

사 라 하 자
ㅇ

↓　　（ローマ字に置き換えると以下のようになります）

Sa ra ha Ja
ŋ

　上に示した４角の中の右側に注目しましょう。ハングルの部分の「ㅏ」は、ローマ字の部分では「a」であることがわかります。このことから「ㅏ」は「a」であることがわかります。もう一度図を示すので、「사랑하자」のハングルを覚えてしまいましょう。

사 랑 하 자
Sa ra(ŋ) ha Ja

「ㅏ」が「a」であることはわかりました。このことから次のように整理することができます。

$$ㅅ \to s, \quad ㄹ \to r, \quad ㅏ \to \underset{ㅇ}{a}, \quad ㅎ \to h, \quad ㅈ \to j$$

ハングルの構成

ハングルの形には「ㅅ」「ㅏ」「ㄹ」「ㅇ」「ㅎ」「ㅈ」などがあることがわかります。「ㅅ」は片仮名よりも漢字の「人」にそっくりです。「ㄹ」も漢字の「己」や「巳」にそっくりです。「ㅇ」は丸やゼロとよく似ています。「ㅎ」は「ナベブタ」の下に「ㅇ」を置いた形をしています。「ㅈ」は片仮名の「ス」そのものです。

ところでさきに、ハングルの「ㅏ」の発音はローマ字の「a」に相当することを学びました。もう1度、下にそれを示しましょう。

$$사 \longrightarrow Sa$$

そして「ㅏ」は「sa」の「a」と同じように、右側に置かれていることがわかります。ローマ字の「a」が母音であるように、ハングルの「ㅏ」も母音です。「사랑하자」で使われている母音は「ㅏ」だけでしたので、今度はさきの例文から「우리 나라」を取り上げてみましょう。

$$우리 \ 나라$$

■部分が母音。

第 1 章

　「우리 나라」の「나라」は、「사랑하자」と同じく「ㅏ」が使われています。ところが「우리」を見ると「ㅏ」とは異なる母音がついています。それも「ㅏ」のように右にではなく、下に「ㅜ」がついています。ハングルの場合、母音は右だけでなく下につくこともあります。ローマ字を使って対応してみましょう。

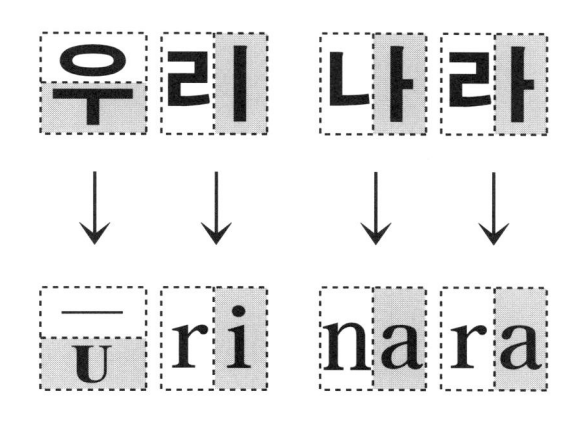

우리 나라
↓ ↓ ↓ ↓
—uri nara

■部分は母音。
「우리」の「우」の「ㅇ」は無音。
以下無音は [—] で示します。

　「우리 나라」で示したように、■の部分は母音です。すると、■でない部分は子音であるより他ありません。つまりハングルは「子音＋母音」で組み合わされていることがわかります。また、母音は常に右側にあるのではなく、下についている場合もあります。次の例文を見て母音の位置を確かめてみましょう。

보다　모자라다
po da　mo ja ra da
ポ ダ　モ ジャ ラ ダ

누르다　오르다
nu ru da　o ru da
ヌ ル ダ　オ ル ダ

아무　고유어
a mu　ko yu eo
ア ム　コ ユ オ

○でかこんだ部分が母音。

　このようにハングルでは、基本的に「子音＋母音」からできていることを頭に入れておきましょう。ところでさきに示した、「**사랑하다**」の「**랑**」を思い出してみましょう。「子音＋母音」に加えて、さらに子音の「ㅇ」がついています。ここから、ハングルにはさらに「子音＋母音＋子音」の組み合わせがあることがわかります。

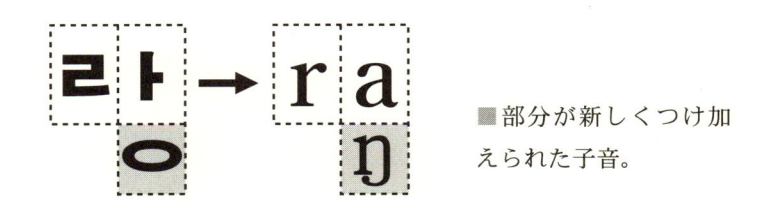

라 → ra
ㅇ　　ŋ

■部分が新しくつけ加えられた子音。

　また、■部分の最後につけ加えられた子音を「パッチム」と呼んでいることを知っておきましょう。「パッチム」とは「下から支えている」と

第1章

いう意味から転じた文法用語で、とにかく下から支えるような位置にあります。次の例文を見てみましょう。

우리말 **실력**
u ri mal　　sil ryeok
ウ リ マル　　シル リョク

길목 **성분**
kil mok　　seong bun
キル モク　　ソン ブン

공중 **이름**
kong jung　　i rum
コン ジュン　　イ ルム

몸집 **않다**
mom jip　　an ta
モム ジィブ　　アン タ

◯でかこんだ部分がパッチム。

　以上、ハングルは「子音＋母音」、もしくは「子音＋母音＋子音」（とくに最後の子音をパッチムと言う）からできていることを述べました。それでは、どのような子音と母音があるのでしょうか。まず母音から見ることにしましょう。

13

ハングルの母音・基本形

　ハングルの母音は21ありますが、便宜上、基本形10と複合形11に分けることができます。まず基本形10を見てみましょう。

　　ㅏ　　ㅑ　　ㅓ　　ㅕ　　ㅗ　　ㅛ　　ㅜ　　ㅠ　　ㅡ　　ㅣ
　[a]　[ya]　[ŏ]　[yŏ]　[o]　[yo]　[u]　[yu]　[ŭ]　[i]

　基本母音は10ですが、発音は5つに分けることができます。「ㅏㅑ」、「ㅓㅕ」、「ㅗㅛ」、「ㅜㅠ」、「ㅡㅣ」の5つです。「ㅏ」と「ㅑ」に注目してみましょう。「ㅑ」は「ㅏ」にさらに「-」が加わったものです。発音は[a]に[y]が加わって[ya]になります。つまりさらに「-」が加わった[ㅑ]、[ㅕ]、[ㅛ]、[ㅠ]は[y]音が加わったことになります。

　なお、発音5つと言うのは、「ㅏㅑ」、「ㅓㅕ」、「ㅗㅛ」、「ㅜㅠ」、「ㅡㅣ」はそれぞれ同じ口の形をして発音するからです。

第 1 章

ハングルの子音・基本形

　ハングルの母音に基本形と複合形があったように、子音にも基本形と複合形があります。子音の基本形は 14 で複合形は 5 つ、合計 19 あります。それではまず基本形の 14 の子音を見てみましょう。

ㄱ ㄴ ㄷ ㄹ ㅁ ㅂ ㅅ ㅇ ㅈ ㅊ ㅋ ㅌ ㅍ ㅎ
[k・g][n][t・d][r] [m][p・b][s] [ŭ] [ch・j] [ch'] [k'] [t'] [p'] [h]

⇨「ㅇ」は無音ですが、便宜的に母音の「ㅡ」の発音を借りて[ŭ]と発音します(なおその他の子音も「ㅡ」を借りて発音しています)

　「ㄱ」、「ㄷ」、「ㅂ」、「ㅈ」にはそれぞれ 2 通りの発音があります。日本の仮名の「ぐ」や「だ」、「ば」のように表記としての濁音はありません。子音の「ㄱ」、「ㄷ」、「ㅂ」、「ㅈ」は語中・語尾にある時には濁音になると覚えておきましょう。

　「ㅋ」、「ㅌ」、「ㅍ」、「ㅊ」には、それぞれ[k´]、[t´]、[p´]、[ch´]のように[´]の印がついています。[´]は激しく発音することを示しています。それはまた、濁音になることもある「ㄱ」、「ㄷ」、「ㅂ」、「ㅈ」と対応している激しく発音する子音です。

ㄱ－ㅋ　　　　ㄷ－ㅌ　　　　ㅂ－ㅍ　　　　ㅈ－ㅊ
[k-k']　　　　[t-t']　　　　　[p-p']　　　　[ch-ch']

基本母音10と基本子音14からなる単語

　基本母音10と基本子音14が組み合わされると、140の子音＋母音のハングルができます。これがもっとも基本的なハングルです。これを使ったいくつかの単語を覚えてハングルに慣れましょう。（＿＿＿部に書いてみましょう）

저고리（チョゴリ）
チョゴリ　　　＿＿＿＿＿＿　　＿＿＿＿＿＿

구두（くつ）
ク ドゥ　　　＿＿＿＿＿＿　　＿＿＿＿＿＿

가다（行く）
カ ダ　　　＿＿＿＿＿＿　　＿＿＿＿＿＿

가구（家具）
カ グ　　　＿＿＿＿＿＿　　＿＿＿＿＿＿

기자（記者）
キ ジャ　　　＿＿＿＿＿＿　　＿＿＿＿＿＿

기차（汽車）
キ チャ　　　＿＿＿＿＿＿　　＿＿＿＿＿＿

무리（無理）
ム リ　　　＿＿＿＿＿＿　　＿＿＿＿＿＿

고기（肉）
コ ギ　　　＿＿＿＿＿＿　　＿＿＿＿＿＿

이야기（話）
イ ヤ ギ　　　＿＿＿＿＿＿　　＿＿＿＿＿＿

아우（弟、妹）
ア ウ　　　＿＿＿＿＿＿　　＿＿＿＿＿＿

피（血）
ピ　　　＿＿＿＿＿＿　　＿＿＿＿＿＿

第1章

ハングルの母音・複合形

　ハングルの母音21のうち、すでに10の基本形は習いました。残りの11の複合形は基本形が重なってできています。

　ㅐ（ㅏ＋ㅣ）［エ æ］

　ㅒ（ㅑ＋ㅣ）［イェ yæ］

　ㅔ（ㅓ＋ㅣ）［エ e］

　ㅖ（ㅕ＋ㅣ）［イェ ye］

　ㅘ（ㅗ＋ㅏ）［ワ wa］

　ㅙ（ㅗ＋ㅐ）［ウェ we］

　ㅚ（ㅗ＋ㅣ）［ウェ we］

　ㅝ（ㅜ＋ㅓ）［ウォ wŏ］

　ㅞ（ㅜ＋ㅔ）［ウェ we］

　ㅟ（ㅜ＋ㅣ）［ウィ wi］

　ㅢ（ㅡ＋ㅣ）［ウィ ŭi］

⇨日本語のルビでは「ㅐ」と「ㅔ」はともに［エ］、「ㅒ」と「ㅖ」はともに［イェ］、「ㅙ」と「ㅚ」と「ㅞ」は3つとも［ウェ］、「ㅟ」と「ㅢ」は［ウィ］となっています。いわば同音異字ですが、あまり気にしないでそのまま発音しましょう。韓国の人もよく似た発音をしていますので、ご安心を。

ハングルの子音・複合形

さきにハングルの子音19のうち、14の基本形は習いました。残りの複合形5つを習いましょう。複合形は基本形が重なってできています。

ㄲ （ㄱ＋ㄱ）［ク kk］

ㄸ （ㄷ＋ㄷ）［トゥ tt］

ㅃ （ㅂ＋ㅂ）［プ pp］

ㅆ （ㅅ＋ㅅ）［ス ss］

ㅉ （ㅈ＋ㅈ）［チュ tch］

> ⇨ 子音の複合形の発音はのどをつまらせて発音するといいでしょう。「たっぷり」の「っぷ」は「ㅃ」そのものです。「とっくり」の「っく」は「ㄲ」です。このことからわかるように「ㄲ、ㄸ、ㅃ、ㅆ、ㅉ」は手前に促音の「っ」を入れて発音すると、のどをつまらせるような感じでハングルの発音によく似た音が出ます。促音の「っ」が入るのですべて清音です。濁音になることはありません。

発音練習をしましょう。

ㄱ － ㅋ － ㄲ　　ㄷ － ㅌ － ㄸ　　ㅂ － ㅍ － ㅃ
[k　k'　kk]　　　[t　t'　tt]　　　[p　p'　pp]

ㅅ － ㅆ　　　ㅈ － ㅊ － ㅉ
[s　ss]　　　[ch　ch'　tch]

第1章

※絵を見て発音の練習をしましょう。

ㄲ　ㄸ　ㅃ
kk　tt　pp
[ッコ]　[ットゥ]　[ップ]

ㅆ　ㅉ
ss　jj
[ッス]　[ッチュ]

딸기
[ttalgi]
[ッタルギ]

꽃
[kkot]
[ッコッ]

⇨ なぜ[ッタルギ]と[ッコッ]にはそれぞれ1番前に促音の[ッ]をつけているのかと言うと、[ッ]とつまらせると「딸」、「따」、「꽃」、「꼬」の「ㄸ」と「ㄲ」の音が比較的発音しやすいからです。なお、本文では[ッ]は語中には付けていますが、上の例のように語頭にはつけていません。

※絵を見て発音の練習をしましょう。

ㅋ ㅌ ㅍ ㅊ
[kʻ] [tʻ] [pʻ] [jʻ]

포도
[pódo]
[ポド]

커피
[kópi]
[コピー]

第 1 章

ハングルのやさしい単語
－書いて覚えましょう－

가자 [カジャ] (行こう)　_____　_____　_____

고추 [コチュ] (唐辛子)　_____　_____　_____

다리 [タリ] (橋、脚)　_____　_____　_____

나무 [ナムー] (木)　_____　_____　_____

이마 [イマ] (ひたい)　_____　_____　_____

도구 [トグ] (道具)　_____　_____　_____

바다 [パダ] (海)　_____　_____　_____

아버지 [アボジ] (父)　_____　_____　_____

어머니 [オモニ] (母)　_____　_____　_____

아가씨 [アガッシ] (娘さん)　_____　_____　_____

아주머니 [アジュモニ] (おばさん)　_____　_____　_____

차고 [チャゴ] (車庫)　_____　_____　_____

쪼개다 [チョゲダ] (割る)　_____　_____　_____

치료 [チリョ] (治療)　_____　_____　_____

케이스 [ケイス] (ケース) ＿＿＿＿ ＿＿＿＿ ＿＿＿＿

커피 [コッピ] (コーヒー) ＿＿＿＿ ＿＿＿＿ ＿＿＿＿

꾀꼬리 [クェッコリ] (うぐいす) ＿＿＿＿ ＿＿＿＿ ＿＿＿＿

토지 [トジ] (土地) ＿＿＿＿ ＿＿＿＿ ＿＿＿＿

투지 [トゥジ] (闘志) ＿＿＿＿ ＿＿＿＿ ＿＿＿＿

때 [テ] (〜時) ＿＿＿＿ ＿＿＿＿ ＿＿＿＿

따라가다 [タラガダ] (ついて行く) ＿＿＿＿ ＿＿＿＿ ＿＿＿＿

포도 [ポド] (ぶどう) ＿＿＿＿ ＿＿＿＿ ＿＿＿＿

파리 [パリ] (ハエ) ＿＿＿＿ ＿＿＿＿ ＿＿＿＿

씨 [シ] (種) (〜氏) ＿＿＿＿ ＿＿＿＿ ＿＿＿＿

⇨ 濃音の「씨」は「시」(時) と区別するために、「ッシ」と発音すれば、より近い音になります。

쓰다 [スダ] (書く、使う) ＿＿＿＿ ＿＿＿＿ ＿＿＿＿

해 [ヘ] (太陽、年) ＿＿＿＿ ＿＿＿＿ ＿＿＿＿

하나 [ハナ] (1つ) ＿＿＿＿ ＿＿＿＿ ＿＿＿＿

허리 [ホリ] (腰) ＿＿＿＿ ＿＿＿＿ ＿＿＿＿

第1章

パッチムのある単語
－書いて覚えましょう－

　これまでは主に「子音＋母音」のハングルを例に出して来ましたが、これにさらに子音がついたハングル、「子音＋母音＋子音」の形があります。すでに述べたように、この最後に新しくついた子音をパッチムと言います。

　これまでにパッチムのついたハングルは「**사랑**」で示しました。「**사랑**」の「**랑**」の「**ㅇ**」が実はパッチムです。

ㄱ [ク]

약 [ヤゥ]（薬）　＿＿＿＿　＿＿＿＿　＿＿＿＿

학교 [ハクキョ]（学校）＿＿＿＿　＿＿＿＿　＿＿＿＿

ㄴ [ン]

손 [ソン]（手）　＿＿＿＿　＿＿＿＿　＿＿＿＿

산 [サン]（山）　＿＿＿＿　＿＿＿＿　＿＿＿＿

돈 [トン]（お金）　＿＿＿＿　＿＿＿＿　＿＿＿＿

ㄷ [ッ]

믿다 [ミッタ]（信じる）＿＿＿＿　＿＿＿＿　＿＿＿＿

찾다 [チャッタ]（たずねる）＿＿＿＿　＿＿＿＿

| ㄹ | [ル] |

말 [マル] (ことば、馬) _____ _____ _____

물 [ムル] (水) _____ _____ _____

| ㅁ | [ム] |

김치 [キムチ] (キムチ) _____ _____ _____

밤 [パム] (晩、栗) _____ _____ _____

| ㅂ | [プ] |

국밥 [ククパプ] (クッパ) _____ _____ _____

입 [イプ] (口) _____ _____ _____

| ㅅ | [ッ] |

곳 [コッ] (場所、所) _____ _____ _____

무엇 [ムオッ] (何) _____ _____ _____

| ㅇ | [ン] |

강 [カン] (川) _____ _____ _____

상업 [サンオプ] (商業) _____ _____ _____

第1章

| ㅈ | [ッ] |

낮 [ナッ] (昼) _____ _____ _____

젖 [チョッ] (お乳) _____ _____ _____

| ㅊ | [ッ] |

꽃 [コッ] (花) _____ _____ _____

숯 [スッ] (炭) _____ _____ _____

| ㅋ | [ク] |

부엌 [プオㇰ] (台所) _____ _____ _____

동녘 [トンニョㇰ] (東の方) _____ _____ _____

| ㅌ | [ッ] |

같은 [カットゥン] (同じ) _____ _____ _____

밭 [パッ] (畑) _____ _____ _____

| ㅍ | [プ] (ㅂと同じ発音) |

잎 [イプ] (木の葉) _____ _____ _____

높다 [ノプタ] (高い) _____ _____ _____

| ㅎ | [ッ] |

좋다 [チョッタ] (よい) ＿＿＿＿　＿＿＿＿　＿＿＿＿

놓다 [ノッタ] (置く) ＿＿＿＿　＿＿＿＿　＿＿＿＿

| ㄲ | [ク] (ㄱ、ㅋと同じ) |

깎다 [カクタ] (削る) ＿＿＿＿　＿＿＿＿　＿＿＿＿

묶다 [ムクタ] (縛る) ＿＿＿＿　＿＿＿＿　＿＿＿＿

| ㅆ | [ッ] |

있다 [イッタ] (ある) ＿＿＿＿　＿＿＿＿　＿＿＿＿

갔다 [カッタ] (行った) ＿＿＿＿　＿＿＿＿　＿＿＿＿

　なお、「ㄸ」、「ㅃ」、「ㅉ」のパッチムはありません。それから、次のような子音を重ねたパッチムがあります。2つを同時に発音できないので、下線部の方だけを発音します。

ㄱㅅ　ㄴㅈ　ㄴㅎ　ㄹㄱ　ㄹㄲ

ㄹㅅ　ㄹㅌ　ㄹㅍ　ㄹㅎ　ㅂㅅ

⇒ ㄼについては、動詞の場合はㅂのほうだけを発音します。連音すると、ㄹもㅁも発音されます。밟다[밥다]。밟아서[발바서]

第1章

リエゾン(連音現象)

　ハングルは「子音＋母音」が基本的な構成要素なので、新しく加わったパッチムと呼ばれる子音は常に母音と一緒になって「子音＋母音」の形で、しっかりと安定したがっています。そのためにパッチムの子音は、次音が母音の場合は母音と自然に結びつきます。これをリエゾン、つまり連音現象と言います。

사람이→[사라미] (人が)

> ⇨ 사람のㅁが이のㅇに移動して発音されます。子音のㅇは無音なので、直前のパッチムの子音をいつでも受け入れる用意をしています。子音と母音が結びついて安定するわけです。

한국은→[한구근] [ハンググン] (韓国は)

조선을→[조서늘] [チョソヌル] (朝鮮を)

일본이→[일보니] [イルボニ] (日本が)

공원이→[공워니] [コンウォニ] (公園が)

서울은→[서우른] [ソウルン] (ソウルは)

부산은→[부사는] [プサヌン] (釜山は)

김은→[기믄] [キムン] (金は、海苔は)

오늘은→[오느른] [オヌルン] (今日は)

동물이→[동무리] [トンムリ] (動物が)

ハングルのウォーミングアップ

次のハングルを必ず声に出して読んでみましょう。

예 [イェ]　　はい

네 [ネェー]　　ええ

아니요 [アニヨ]　　いいえ

아뇨 [アニョ]　　いいえ

아이 [アイ]　　子供

거리 [コリ]　　通り

눈 [ヌン]　　目、雪

손 [ソン]　　手

사람 [サラム]　　人

어머니 [オモニ]　　母

아버지 [アボジ]　　父

아저씨 [アジョッシ]　　おじさん

아주머니 [アジュモニ]　　おばさん

이름 [イルム]　名前

돈 [トン]　お金

가게 [カゲ]　お店

담배 [タムベ]　タバコ

술 [スル]　酒

맥주 [メクチュ]　ビール

김치 [キムチ]　キムチ

김 [キム]　海苔(のり)

김밥 [キムパプ]　のり巻き

택시 [テクシ]　タクシー

버스 [ポス]　バス

지하철 [チハチョル]　地下鉄

전화 [チョヌァ]　電話

시계 [シゲ]　時計

친구 [チング]　友だち

안녕 하세요? おはよう。
アンニョン ハ セ ヨ （こんにちは、こんばんは）

안녕 하십니까? おはようございます。
アンニョン ハ シム ニッ カ （こんにちは、こんばんは）

감사합니다. ありがとうございます。
カム サ ハム ニ ダ

고맙습니다. ありがとうございます。
コ マプ スム ニ ダ

천만예요. どういたしまして。
チョンマ ネ ヨ

좋아요. いいよ。よろしい。
チョ ア ヨ

나빠요. 悪いよ。よくないよ。だめだよ。
ナッ パ ヨ

이것을 주세요. これください。
イ ゴ スル チュ セ ヨ

얼마요? いくらですか。
オル マ ヨ

비싸군요. 高いですね。
ピッ サ グ ニョ

싸군요. 安いですね。
サ グ ニョ

다시 만납시다. また会いましょう。
タ シ マンナプ シ ダ

안녕히 계세요. さようなら。
アンニョ ヒ ケ セ ヨ （立ち去る人が）

안녕히 가세요. さようなら。
アンニョ ヒ カ セ ヨ （見送る人が）

発音上の若干の注意

　ハングルの発音は日本語では表しにくいですが、できるだけ近似音になるようにカタカナでルビをつけました。
　カタカナのルビは、できるだけハングルに近い音にするためにいくつかの促音や拗音などのルビを作っています。以下、例を示しておきます。

　［ク］　ㄱパッチムの場合に原則的に使う促音。
　［プ］　ㅂパッチムの場合に原則的に使う促音。
　［ル］　ㄹパッチムの場合に原則的に使う半巻舌音。
　［ム］　ㅁパッチムの場合に原則的に使う口を閉じる音。

　なお語中・語尾に濃音がある場合は、それをうまく発音するように直前に［ッ］を入れています。また、本文のなかで激音の直前に入れている個所もあります

바쁘다 ［パップダ］　（忙しい）

> ⇒쁘［プ］が濃音なのでその直前に［ッ］を入れてあります。

싸다 ［サダ］　（安い）

> ⇒싸［サ］は濃音ですが、語頭にあるので平音の사と同じルビ［サ］にしています。

토끼 ［トッキ］　（ウサギ）　　**커피** ［コッピ］　（コーヒー）

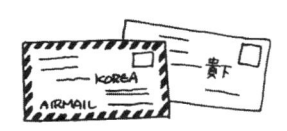

第2章

シチュエーション別 単語と会話

こ・そ・あ・ど
[이・그・저・어느] ── イ・ク・チョ・オヌ

これ	**이것**	[イゴッ]
それ	**그것**	[クゴッ]
あれ	**저것**	[チョゴッ]
どれ	**어느것**	[オヌゴッ]
どんな	**어떤**	[オットン]
この	**이**	[イ]
その	**그**	[ク]
あの	**저**	[チョ]
どの	**어느**	[オヌ]
ここ	**여기**	[ヨギ]
そこ	**거기**	[コギ]
あそこ	**저기**	[チョギ]
どこ	**어디**	[オディ]

これは　何ですか。

이것은　무엇입니까?
イ　ゴ　スン　　　ム　オ　シム　ニッ　カ

それは　本です。

그것은　책입니다.
ク　ゴ　スン　　チェ　ギム　ニ　ダ

どんな　ものを　探してるんですか。

어떤　물건을　찾으세요?
オットン　　ムル ゴ ヌル　　チャジュ セ ヨ

それは　どんな　本ですか。

그것은　무슨　책입니까?
ク　ゴ　スン　　ム スン　　チェ ギム ニッ カ

あの人は　だれですか。

저 사람은　누구입니까?
チョ　サ ラ ムン　　ヌ グ イム ニッ カ

ここは　どこですか

여기는　어디입니까?
ヨ　ギ ヌン　　オ ディ イム ニッ カ

これを　ください。

이것을　주세요.
イ　ゴ スル　　チュ セ ヨ

そこに　行きましょう。

거기에　갑시다.
コ ギ エ　　カプ シ ダ

⇨　**~십시오**のくだけた表現の**~세요**は親しみのある言い方です。
　　シプ シ オ　　　　　　　　　　セ ヨ

人称代名詞
[인칭 대명사] —— インチンテミョンサ

僕、私　**나**　[ナ]　　僕は　**나는**　[ナヌン]

僕が　**내가**　[ネガ]

私、僕　**저**　[チョ]（へり下り）

私は　**저는**　[チョヌン]　私が　**제가**　[チェガ]

君　**자네**　[チャネ]（目下の者に）

あなた　**당신**　[タンシン]

彼　**그**　[ク]

彼女　**그녀**　[クニョ]

私たち　**우리들**　[ウリドゥル]

皆様方　**여러분**　[ヨロブン]

彼ら　**그들**　[クドゥル]

おたく　**댁**　[テク]

⇨ ~들 は複数の「～たち、～ら」などを表します。目上の人には 저 を使い、同等・目下には 나 を使います。

僕は　日本　人です。
나는　　일본　사람입니다.
　ナ ヌン　　　イルボン　　サラ ミ ニ ダ

僕が　佐藤です。
내가　　사또입니다.
　ネ ガ　　　サット イ ム ニ ダ

あなたは　韓国　人です。
당신은　　한국　사람입니다.
　タン シ ヌン　　ハン グゥ　サラ ミ ニ ダ

私は　田中と　申します。
저는　　타나카라고　합니다.
　チョヌン　　タ ナッ カ ラ ゴ　　ハ ム ニ ダ

私たちは　観光客です。
우리들은　　관 광 객입니다.
　ウ リ ドゥルン　　クァン グァン ゲ ギ ム ニ ダ

皆さん、こんにちは。
여러분　안 녕 하세요.
　ヨ ロ ブン　　アン ニョン ハ セ ヨ

彼は　友だちです。
그는　친구입니다.
　ク ヌン　　チン グ イ ム ニ ダ

皆様よくいらっしゃいました。
여러분　잘 오 셨 습니다.
　ヨ ロ ブン　　チャル オ ショッス ム ニ ダ

基本助詞
[기본 조사] ── キボンチョサ

私<u>は</u>　**저는, 나는**　[チョヌン、ナヌン]

ソウル<u>は</u>　**서울은**　[ソウルン]

父<u>が</u>　**아버지가**　[アボジガ]

これ<u>が</u>　**이것이**　[イゴシ]

母<u>を</u>　**어머니를**　[オモニルル]

あなた<u>を</u>　**당신을**　[タンシヌル]

父<u>と</u>母　**아버지와 어머니**　[アボジワオモニ]

あなた<u>と</u>私　**당신과 나**　[タンシングァ ナ]

父<u>の</u>家　**아버지의 집**　[アボジエ チプ]

これ<u>も</u>　**이것도**　[イゴット]

慶州<u>へ</u>　**경주로**　[キョンジュロ]

明洞<u>へ</u>　**명동으로**　[ミョンドンウロ]

明洞<u>に</u>　**명동에**　[ミョンドンエ]

日本<u>で</u>　**일본에서**　[イルボネソ]

> 日本から　**일본에서**　[イルボネソ]
>
> 朝から　**아침부터**　[アッチムブット]
>
> 晩まで　**밤까지**　[パムカジ]
>
> 日本より(比較)　**일본보다**　[イルボンポダ]
>
> ⇒에서には「〜から」と「〜で」の２つの意味があります。また、略して単に서とも言います。
>   例：**일본서 왔어요**(日本から来たんですよ)
>   　　イルボンソ　ワッソヨ

あなたを　愛します
당신을　사랑해요.
タンシヌル　サランヘヨ

韓国は　日本より　寒いよ。
한국은　일본보다　추워요.
ハンググン　イルボンポダ　チュウォヨ

明洞へ　出かけよう。
명동으로　나갑시다.
ミョンドンウロ　ナガプシダ

これが　私の家です。
이것이　우리집입니다.
イゴシ　ウリチビムニダ

朝から　晩まで　忙しいです。
아침부터　밤까지　바쁩니다.
アチムブット　パムカジ　パップムニダ

基本動詞・1
[기본 동사・일] —— キボントンサ・イル

行きます **갑니다 → 가다**
　　　　　カムニダ　　カダ

来ます **옵니다 → 오다**
　　　　オムニダ　　オダ

します **합니다 → 하다**
　　　　ハムニダ　　ハダ

遊びます **놉니다 → 놀다**
　　　　　ノムニダ　　ノルダ

食べます **먹습니다 → 먹다**
　　　　　モクスムニダ　　モクタ

見ます **봅니다 → 보다**
　　　　ポムニダ　　ポダ

飲みます **마십니다 → 마시다**
　　　　　マシムニダ　　マシダ

乗ります **탑니다 → 타다**
　　　　　タムニダ　　タダ

座ります **앉습니다 → 앉다**
　　　　　アンスムニダ　　アンタ

会います **만납니다 → 만나다**
　　　　　マンナムニダ　　マンナダ

⇨ →は、動詞の原型を示しています。

日本から 来ました。
일본에서 왔습니다.
　イルボネソ　ワッスムニダ

日本で 生れたんですよ。
일본에서 태어났어요.
　イルボネソ　テオナッソヨ

食べ たいです。
먹고 싶습니다.
　モッコ　シプスムニダ

映画を 見ます。
영화를 봅니다.
　ヨンファルル　ポムニダ

乗って 行きましょう。
타고 갑시다.
　タゴ　カプシダ

明日も 会いましょう。
내일도 만납시다.
　ネイルド　マンナプシダ

ここに 座りなさい。
여기에 앉으세요.
　ヨギエ　アンジュセヨ

駅の前で 会いましょう。
역 앞에서 만납시다.
　ヨッ　アペソ　マンナプシダ

⇨ 〜요はとてもくだけた言い方です。

基本動詞・2
[기본 동사・이] —— キボントンサ・イ

買います	**삽니다** → **사다**
	サムニダ　　　サダ
あげます	**줍니다** → **주다**
	チュムニダ　　チュダ
知っています	**알고 있습니다** → **알고 있다**
	アルゴ イッスムニダ　アルゴ イッタ
住んでいます	**살고 있습니다** → **살고 있다**
	サルゴ イッスムニダ　サルゴ イッタ
滞在します	**머무릅니다** → **머무르다**
	モムルムニダ　　モムルダ
帰ります	**돌아갑니다** → **돌아가다**
	トラガムニダ　　トラガダ
書きます	**씁니다** → **쓰다**
	スムニダ　　スダ
送ります	**보냅니다** → **보내다**
	ポネムニダ　　ポネダ
降ります	**내립니다** → **내리다**
	ネリムニダ　　ネリダ
持っています	**가지고 있습니다**
	カジゴ イッスムニダ
	→ **가지고 있다**
	カジゴ イッタ
知っています	**압니다** → **알다**
	アムニダ　　アルダ

⇨ →印は、動詞の原型を示しています。

これを ください。
이것을 주세요.
イ ゴ スル　チュ セ ヨ

韓国語を 知って います。
한국말을 알고 있습니다.
ハングン マ ルル　アル ゴ　イッスム ニ ダ

東京に 住んで います。
토쿄에 살고 있습니다.
ト キョ エ　サル ゴ　イッスム ニ ダ

雨が 降って います。
비가 내리고 있습니다.
ビ ガ　ネ リ ゴ　イッスム ニ ダ

ここで 降ります。
여기에서 내립니다.
ヨ ギ エ ソ　ネ リム ニ ダ

名前を 書いて います。
이름을 쓰고 있습니다.
イ ル ムル　ス ゴ　イッスム ニ ダ

それを 持って いますか。
그것을 가지고 있습니까?
ク ゴ スル　カ ジ ゴ　イッスムニッ カ

その 人を よく 知っています。
그 사람을 잘 압니다.
ク　サ ラ ムル　チャル　アム ニ ダ

⇨「東京」は、도쿄、동경 のどちらでもいいでしょう。
　　　　　　ト キョ　トンギョン

基本動詞・3
[기본 동사・삼] —— キボントンサ・サム

日本語	丁寧形	原型
できます	할 수 있습니다 (ハル ス イッスムニダ)	→ 할 수 있다 (ハル ス イッタ)
わかりません	모릅니다 (モルムニダ)	→ 모르다 (モルダ)
見えます	보입니다 (ポイムニダ)	→ 보이다 (ポイダ)
感謝します	감사합니다 (カムサハムニダ)	→ 감사하다 (カムサハダ)
いらっしゃいます	계십니다 (ケシムニダ)	→ 계시다 (ケシダ)
待ちます	기다립니다 (キダリムニダ)	→ 기다리다 (キダリダ)
愛します	사랑합니다 (サランハムニダ)	→ 사랑하다 (サランハダ)
疲れます	피곤합니다 (ピゴナムニダ)	→ 피곤하다 (ピゴナダ)
お願いします	부탁합니다 (プタッカムニダ)	→ 부탁하다 (プタッカダ)
紹介します	소개합니다 (ソゲハムニダ)	→ 소개하다 (ソゲハダ)
起きます	일어납니다 (イロナムニダ)	→ 일어나다 (イロナダ)

⇨ →印は、動詞の原型を示しています。

韓国語は　できますか。
한국말을　할 수 있습니까?
ハングン マ ルル　ハル ス　イッスムニッカ

日本語は　できます?
일본말을　할 수 있어요?
イルボン マ ルル　ハル ス　イッソ ヨ

韓国語は　できません。
한국말을　할 수 없습니다.
ハングン マ ルル　ハル ス　オブスム ニ ダ

よく　わかりません。
잘　　모릅니다.
チャル　　モ ルム ニ ダ

金先生は　いらっしゃいますか。
김선생님은　계십니까?
キムソンセン ニ ムン　ケ シムニッ カ

ひどく　疲れました。
몹시　　피곤했습니다.
モプ シ　　ピ ゴ ネッスム ニ ダ

よろしく　お願いします。
잘　　부탁합니다.
チャル　　プ タッカム ニ ダ

朴先生を　紹介します。
박선생님을　소개하겠습니다.
パクソンセン ニ ムル　ソ ゲ ハムゲッスム ニ ダ

第2章

45

基本形容詞・1
[기본 형용사・일] —— キボン ヒョンヨンサ・イル

日本語	～です	→ 原型
大きいです	큽니다 (クムニダ)	→ 크다 (クダ)
小さいです	작습니다 (チャクスムニダ)	→ 작다 (チャクタ)
遠いです	멉니다 (モムニダ)	→ 멀다 (モルダ)
近いです	가깝습니다 (カッカプスムニダ)	→ 가깝다 (カッカプタ)
寒いです	춥습니다 (チュプスムニダ)	→ 춥다 (チュプタ)
暑いです	덥습니다 (トプスムニダ)	→ 덥다 (トプタ)
高いです	비쌉니다 (ピッサムニダ)	→ 비싸다 (ピッサダ)
安いです	쌉니다 (サムニダ)	→ 싸다 (サダ)
重いです	무겁습니다 (ムゴプスムニダ)	→ 무겁다 (ムゴプタ)
軽いです	가볍습니다 (カビョプスムニダ)	→ 가볍다 (カビョプタ)
おいしいです	맛있습니다 (マシッスムニダ)	→ 맛있다 (マシッタ)

⇨ →印は、原型を示しています。

大きい(小さい) 家です。

큰(작은) 집입니다.
クン チャグン　　チビムニダ

遠い(近い) 場所です。

먼(가까운) 장 소입니다.
モン カッカウン　チャンソイムニダ

ここから 近いですか。

여기서 멉니까?
ヨギソ　モムニッカ

夏は 暑いですか。

여름은 덥습니까?
ヨルムン　トプスムニッカ

高い(安い) 服です。

비싼(싼) 옷입니다.
ピッサン サン　オシムニダ

重い(軽い) 荷物です。

무거운(가벼운) 짐입니다.
ムゴウン カビョウン　チミムニダ

食事は おいしいです。

식사가 맛있습니다.
シクサガ　マシッスムニダ

おいしいですか。

맛있습니까?(맛있어요?)
マシッスムニッカ　マシッソヨ

⇨여기서는 여기에서를 短縮した形です。
　ヨギソ　　ヨギエソ

第2章

47

基本形容詞・2
[기본 형용사・이] —— キボンヒョンヨンサ・イ

日本語	丁寧形	原型
親切です	친절합니다 (チンジョラムニダ)	→ 친절하다 (チンジョラダ)
元気です	건강합니다 (コンガンハムニダ)	→ 건강하다 (コンガンハダ)
いいです	좋습니다 (チョッスムニダ)	→ 좋다 (チョッタ)
悪いです	나쁩니다 (ナップムニダ)	→ 나쁘다 (ナップダ)
好きです	좋아합니다 (チョアハムニダ)	→ 좋아하다 (チョアハダ)
暖かいです	따뜻합니다 (タットゥッハムニダ)	→ 따뜻하다 (タットゥッタダ)
美しいです	아름답습니다 (アルムダプスムニダ)	→ 아름답다 (アルムダプタ)
きれいです	곱습니다 (コプスムニダ)	→ 곱다 (コプタ)
楽しいです	즐겁습니다 (チュルゴプスムニダ)	→ 즐겁다 (チュルゴプタ)
うれしいです	기쁩니다 (キップムニダ)	→ 기쁘다 (キップダ)
懐かしい / 喜ばしい	반갑습니다 (パンガプスムニダ)	→ 반갑다 (パンガプタ)

⇨ →印は、原型を示しています。

親切な(元気な) 人です。
친절한(건강한) 사람입니다.
チンジョラン コンガンハン サ ラ ミㇺ ニ ダ

いい(悪い) 人です。
좋은(나쁜) 사람입니다.
チョウン ナップン サ ラ ミㇺ ニ ダ

美しい 絵です。
아름다운 그림입니다.
ア ルㇺ ダ ウン ク リ ミㇺ ニ ダ

きれいな 女性です。
고운 여성입니다.
コ ウン ヨ ソンイㇺ ニ ダ

暖かい(きれいな) 部屋です。
따뜻한(깨끗한) 방입니다.
タットゥッタン ケックッタン パンイㇺ ニ ダ

お会い できて うれしいです。
만나 뵈서 기뻐요.
マンナ ペソ キッポ ヨ

楽しい(うれしい) 気分です。
즐거운(기쁜) 기분입니다.
チュル ゴ ウン キップン キ ブ ニㇺ ニ ダ

とても うれしいです。
아주 기뻐요.
ア ジュ キッポ ヨ

色
[색] ——————————————— セク

白い	희다	[ヒダ]
黒い	검다	[コムタ]
赤い	붉다	[プルタ]
青い	푸르다	[プルダ]
黄色い	노랗다	[ノラッタ]
白色	흰색	[ヒンセク]
黒色	검은색	[コムンセク]
赤色	붉은색	[プルグンセク]
青色	푸른색	[プルンセク]
黄色	노란색	[ノランセク]
緑色	녹색	[ノクセク]
紺色	곤색	[コンセク]

⇒ 色は漢字読みもよく使います。例えば、黄色(황색 ファンセク)、黒色(흑색 フクセク)、白色(백색 ベクセク)、青色(청색 チョンセク)、茶色(차색 チャセク)など。

空は 青い。 雲は 白い。
하늘은 푸르다. 구름은 희다.
ハヌルン プルダ クルムン ヒダ

黒い カラスと 白い ツル
검은 까마귀와 흰 두루미.
コムン カマグィワ ヒン トゥルミ

ツルを 鶴とも言います。
두루미를 학이라고도 합니다.
トゥルミルル ハギラゴド ハムニダ

信号が 黄色です。
신호가 노란색입니다.
シノガ ノランセギムニダ

黄色い シャツが 好きだよ。
노란 샤쓰를 좋아해요.
ノラン シャッスルル チョアヘヨ

赤い かばんが あります。
붉은 가방이 있습니다.
プルグン カバンイ イッスムニダ

緑色の ものを ください。
녹색 것을 주세요.
ノクセク コスル チュセヨ

青い空／黄色いシャツ
푸른하늘 노란 샤쓰
プルンハヌル ノーラン シャス

数字
[수자 · 숫자] ── スチャ・スッチャ

[漢数字] [固有の数・序数]

1	**일, 하나(한)**	[イル、ハナ(ハン)]
2	**이, 둘(두)**	[イ、トゥル(トゥ)]
3	**삼, 셋(세)**	[サム、セッ(セェー)]
4	**사, 넷(네)**	[サ、ネッ(ネェー)]
5	**오, 다섯**	[オ、タソッ]
6	**육, 여섯**	[ユク、ヨソッ]
7	**칠, 일곱**	[チル、イルゴプ]
8	**팔, 여덟**	[パル、ヨドル]
9	**구, 아홉**	[ク、アホプ]
10	**십, 열**	[シプ、ヨル]
11	**십일, 열 하나(열한)** [シビル、ヨルハナ(ヨルハン)]	
12	**십이, 열 둘(열 두)** [シビ、ヨルトゥル(ヨルトゥ)]	
20	**이십, 스물**	[イシプ、スムル]

第2章

30	**삼십, 서른**	［サムシプ、ソルン］
40	**사십, 마흔**	［サーシプ、マフン］
100	**백**	［ペク］
1000	**천**	［チョン］
1万	**만(일만)**	［マン(イルマン)］
1億	**억(일억)**	［オク(イロク)］

⇨ **수자**(数字)は、とくに［**수짜**］［スッチャ］と発音します。
（　）内の言い方は、形容詞的に使われる時に用います。例文を見てください。時間は序数、分・秒は漢数字を使います。ハングルの固有の言い方(序数)は100まであります

りんごを　1つ　ください。

사과를　한　개　주세요.
　サグァルル　ハン　ゲ　チュセヨ

約束の　時間は　2時です。

약속　　시간은　두 시입니다.
　ヤクソク　　　シ ガヌン　トゥ シ イム ニ ダ

今の時間は、4時35分です。

지금 시간은　네 시 삼십 오분입니다.
　チグム シ ガヌン　ネー シサム　シ　ボ プ ニ ダ

この　子は　4つです。

이　　아이는 네　살입니다.
　イ　　ア イヌン ネー　サ リム ニ ダ

53

日・月・年
[일・월・년] ── イル・ウォル・ニョン

1日	**하루 / 일일**	[ハル／イリル]
2日	**이틀 / 이일**	[イットゥル／イイル]
3日	**사흘 / 삼일**	[サフル／サミル]
4日	**나흘 / 사일**	[ナフル／サイル]
5日	**닷새 / 오일**	[タッセ／オイル]
6日	**엿새 / 육일**	[ヨッセ／ユギル]
7日	**이레 / 칠일**	[イレ／チリル]
8日	**여드레 / 팔일**	[ヨドゥレ／パリル]
9日	**아흐레 / 구일**	[アフレ／クイル]
10日	**열흘 / 십일**	[ヨルル／シビル]
1ヵ月	**한 달 / 일 개월** (ハン ダル イル ゲウォル)	
2ヵ月	**두 달 / 이 개월** (トゥ ダル イ ゲウォル)	
3ヵ月	**석 달 / 삼 개월** (ソク タル サム ゲウォル)	

4ヵ月	넉 달/사 개월	ノㇰ タル サ ゲウォル
5ヵ月	다섯 달/오 개월	タソッ タル オ ケウォル
6ヵ月	여섯 달/육 개월	ヨソッ タル ユㇰ ケウォル
7ヵ月	일곱 달/칠 개월	イㇽゴプ タル チㇽ ゲウォル
8ヵ月	여덟 달/팔 개월	ヨドㇽ タル パㇽ ゲウォル
9ヵ月	아홉 달/구 개월	アホプ タル ク ゲウォル
10ヵ月	열 달/십 개월	ヨㇽ タル シプ ケウォル
1年	한 해/일 년	[ハンヘ／イㇽニョン]
2年	두 해/이 년	[トゥヘ／イニョン]
3年	세 해/삼 년	[セェーヘ／サムニョン]
4年	네 해/사 년	[ネェーヘ／サニョン]
5年	다섯 해/오 년	[タソッヘ／オニョン]
1988年	천 구백 팔십 팔년	[チョン クベㇰ パㇽシプ パㇽニョン]

➡ ／の左側は固有語を用いた言い方で、
　／の右側は漢数字を用いた言い方です。

基本助数詞
[기본 조수사] ―――― キボン チョスサ

1番	일 번	[イル ボン]
10分	십 분	[シプ プン]
20歳	이십 세	[イシプ セ]
はたち	스물(스무 살)	[スムル(スム サル)]
30歳	삼십 세	[サムシプ セ]
30歳	서른 살	[ソルン サル]
100ウォン	백 원	[ペ グォン]
10000ウォン	만 원(일만 원)	[マヌォン(イルマヌォン)]
1杯	한 잔	[ハン ジャン]
2瓶	두 병	[トゥ ビョン]
3本(鉛筆など)	세 자루	[セェー ジャル]
4個	네 개	[ネェー ゲ]

5回	**다섯 번**	[タソッ ポン]
6台	**여섯 대**	[ヨソッ テ]
7人	**일곱 사람**	[イルゴプ サラム]
8名	**여덟 명**	[ヨドル ミョン]
9枚	**아홉 장**	[アホプ チャン]
10冊	**열 권**	[ヨル クォン]
1着	**한 벌**	[ハン ボル]
2箱(タバコ)	**두 갑**	[トゥ ガプ]
3歳	**세 살**	[セェー サル]
4時	**네 시**	[ネェー シ]
5階	**오 층**	[オー チュン]
第1	**첫째(제 일)**	[チョッチェ(チェイル)]
第2	**둘째(제 이)**	[トゥルチェ(チェイ)]
第3	**셋째(제 삼)**	[セッチェ(チェサム)]
第4	**넷째(제 사)**	[ネッチェ(チェサ)]

基本副詞
[기본 부사] ──────── キボン プサ

もっとも **가장** [カジャン]

たいへん **대단히** [テダニ]

ひどく、とても **아주, 매우** [アジュ、メウ]

よく **잘** [チャル]

十分に **충분히** [チュンブニ]

やはり **역시** [ヨクシ]

本当に **정말로** [チョンマルロ]

もちろん **물론** [ムルロン]

初めて **처음으로** [チョウムロ]

すぐ **곧** [コッ]

はやく **빨리** [パルリ]

さっき **아까, 조금전** [アッカ、チョグムジョン]

いつも **언제나** [オンジェナ]

第2章

今　**지금**　[チグム]

少し　**조금**　[チョグム]

もっと、より(優等)　**더, 더욱**　[トゥ、トゥウク]

もっと、より…でない(劣等)　**덜**　[トル]

一緒に　**같이**　[カッチ]

ともに(一緒に)　**함께**　[ハムケ]

たいへん　いいよ。
대단히　좋아요.
テダニ　チョアヨ

よく　いらっしゃいました。
잘　오셨습니다.
チャル　オショッスムニダ

はやく　行きましょう。
빨리　갑시다.
パルリ　カプシダ

少し　ください。
조금　주세요.
チョグム　チュセヨ

一緒に　行こう。
같이　가자.
カッチ　カジャ

季節と月
[계절과 달] ————— ケジョルグァ タル

春	봄 [ポム]
夏	여름 [ヨルム]
秋	가을 [カウル]
冬	겨울 [キョウル]
1月	일월 [イルォル]
2月	이월 [イウォル]
3月	삼월 [サムォル]
4月	사월 [サウォル]
5月	오월 [オウォル]
6月	유월 [ユウォル]
7月	칠월 [チルォル]
8月	팔월 [パルォル]
9月	구월 [クウォル]

10月	**시월**	[シウォル]
11月	**십일월**	[シビルォル]
12月	**십이월**	[シビウォル]
大晦日	**섣달 그믐날**	[ソッタル クムムナル]

春に なれば…
봄이 되면…
 ポ ミ　テ ミョン

夏は 暑い。
여름은 덥다.
 ヨ ル ムン　トプ タ

秋の 天気／冬の
가을 날씨／겨울
 カ ウル　ナルシ　キョウル

今月 ／ 先月 ／ 来月 ／ 何月
이달／지난달／내달／몇 달
 イ ダル　チ ナンダル　ネダル　ミョッ ダル

今日は 3月 18日です。
오늘은 삼월 십팔일입니다.
 オ ヌルン　サ ムォル　シプ パ リ リム ニ ダ

⇨ 漢数字で10は **십** ですが、10月の場合は **시월** となります。

曜日
[요일] ― ヨイル

月曜日	**월요일**	[ウォリョイル]
火曜日	**화요일**	[ファヨイル]
水曜日	**수요일**	[スヨイル]
木曜日	**목요일**	[モギョイル]
金曜日	**금요일**	[クミョイル]
土曜日	**토요일**	[トヨイル]
日曜日	**일요일**	[イリョイル]
今週	**금주**	[クムジュ]
来週	**내주**	[ネジュ]
先週	**전주**	[チョンジュ]
毎週	**매주**	[メジュ]
何曜日	**무슨 요일**	[ムスン ヨイル]
週末	**주말**	[チュ マル]

今日は　何曜日ですか。

오늘은　무슨 요일입니까?

月曜日です。

월요일입니다.

明日は　何曜日ですか。

내일은　무슨 요일입니까?

何曜日に　来ますか。

무슨 요일에　옵니까?

木曜日に　行きます。

목요일에　갑니다.

今週は　いかがですか。

금주는　어떻습니까?

先週　会いましたよ。

전 주　만났어요.

週末に　遊びに行きましょう。

주말에　놀러 갑시다.

⇨ 何曜日は **무슨 요일**、何日は **며칠**、何月は **몇 달**です。

時
[때・적] ーーーーーーーーーー テ・チョク

今日　**오늘**　［オヌル］

昨日　**어제**　［オジェ］

明日　**내일**　［ネイル］

一昨日　**그저께**　［クジョッケ］

明後日　**모레**　［モレ］

翌日　**다음날**　［タウムナル］

翌月　**다음달**　［タウムタル］

今年　**금년, 올해**　［クムニョン、オレ］

昨年　**작년, 지난해**　［チャンニョン、チナンヘ］

来年　**내년**　［ネニョン］

明年　**명년**　［ミョンニョン］

前年　**전년**　　［チョンニョン］

翌年　**다음해**　　［タウメ］

今日は　1月　8日です。
오늘은　일월　팔일입니다.
オ ヌルン　イルオル　パ リ リムニダ

今年は　運の良い　年だ。
금년은　운수 좋은　해다.
クムニョヌン　ウンス チョウン　ヘ ダ

昨日　行きました。
어제　갔습니다.
オ ジェ　カッスムニ ダ

来年は　韓国に　行きましょう。
내년은　한국에　갑시다.
ネ ニョヌン　ハング ゲ　カプ シ ダ

明日　行きます。
내일　가겠습니다.
ネ イル　カ ゲッスムニ ダ

今日と　明日は　どちらが　いいですかね。
오늘과　내일은　어느 쪽이　좋아요?
オ ヌルグァ　ネ イルン　オ ヌ チョギ　チョア ヨ

来年に　また　来ます。
내년에　또(다시)　오겠습니다.
ネ ニョ ネ　ト タシ　オ ゲッスムニ ダ

幼い時に　母と一緒に　行きました。
어릴적에　어머니와 같이　갔습니다.
オ リルチョゲ　オ モ ニ ワ カッチ　カッスムニ ダ

時間
[시간] ——————————— シガン

1時	**한 시** ハン シ	2時	**두 시** トゥ シ
3時	**세 시** セェー シ	4時	**네 시** ネェー シ
5時	**다섯시** タ ソッ シ	6時	**여섯시** ヨ ソッ シ
7時10分	**일곱시 십분** イル ゴプ シ シプ プン		
8時15分	**여덟시 십오분** ヨ ドル シ シ ボ プン		
9時10分前	**아홉시 십분 전** ア ホプ シ シプ プン ジョン		
10時ちょうど	**열시 정각** ヨル シ チョン ガク		
11時	**열한시** ヨル ハン シ(ヨランシ)	12時	**열두시** ヨル トゥ シ
30分	**삼십분** サム シプ プン	半	**반** パン
5秒	**오초** オ チョ	2時間	**두시간** トゥ シ ガン
午前	**오 전** オ ジョン	午後	**오후** オー フ
朝	**아침** ア チム	昼	**낮** ナッ
夕方	**저 녁** チョ ニョク	晩	**밤** パム

今　何時ですか。

지금　몇 시입니까?
チグム　ミョッ シ イムニッカ

9時　23分です。

아홉시　이십삼분입니다.
ア ホプ シ　イ シプサム プ ニム ニ ダ

8時　半だよ。

여덟시　반이요.
ヨ ドル シ　パ ニ ヨ

3時　10分前です。

세 시　십분전입니다.
セェー シ　シプ プン ジョ ニム ニ ダ

今晩　来て　ください。

오늘밤에　와　주십시오.
オ ヌル パ メ　ワ　ジュ シプ シ オ

ここから　2時間　かかります。

여기에서　두시간　걸립니다.
ヨ ギ エ ソ　トゥ シ ガン　コル リム ニ ダ

明朝　7時に　出発します。

내일 아침　일곱시에　출 발하겠습니다.
ネ イル ア チム　イル ゴプ シ エ　チュル バル ハ ゲッスム ニ ダ

昼から　酒を　飲んでは　いけない。

낮에부터　술을　마시 면　안 되요.
ナ ジェ プット　ス ルル　マ シ ミョン　アン デ ヨ

67

方向
[방향] ーーーーーーーーーーー パンヒャン

東方	동쪽	[トンチョク]
西方	서쪽	[ソッチョク]
南方	남쪽	[ナムチョク]
北方	북쪽	[プクチョク]
上	위	[ウィ]
下	아래, 밑	[アレ、ミッ]
左側	왼쪽	[ウェンチョク]
右側	오른쪽	[オルンチョク]
左右	좌우	[チァウ]
前	앞	[アプ]
うしろ	뒤	[ティ]
前後	앞뒤・전후	[アプティ・チョヌ]
横	옆	[ヨプ]

第 2 章

東の方に　行きましょう。
동쪽으로　갑시다.
　トンチョグロ　　カプシダ

北の方よりも　東の方が　いいよ。
북쪽보다　　동쪽이　　좋아요.
　プクチョクポダ　　トンチョギ　　チョアヨ

西の方を　見てください。
서쪽을　　봐 주십시오.
　ソッチョグル　　ポァ ジュシプシオ

南の方に　あります。
남쪽에　　있습니다.
　ナムチョゲ　　イッスムニダ

こちらへ　行きましょう。
이쪽으로　갑시다.
　イッチョグロ　　カプシダ

机の　上に　あります。
책상　위에　있습니다.
　チェクサン　ウィエ　イッスムニダ

左へ　曲がって　ください。
왼쪽으로　돌아　주십시오.
　ウェンチョグロ　　トラ　ジュシプシオ

前後を　気をつけてください。
앞뒤를　조심해 주세요.
　アプティルル　チョシメ ジュセヨ

> ⇒ 上下は漢字語で**상하**、固有の言い方では**아랫위**と言います。
> 　　　　　　　　　サンハ　　　　　　　　　　　　アレッウィ

職業
[직업] ── チゴプ

仕事　**일**　［イル］

農民　**농민**　［ノンミン］

会社員　**회사원**　［フェサウォン］

労働者　**노동자**　［ノドンジャ］

技術者　**기술자**　［キスルチャ］

教員　**교원**　［キョウォン］

医師　**의사**　［ウィサ］

看護師　**간호사**　［カノサ］

薬剤師　**약제사**　［ヤクチェサ］

美容師　**미용사**　［ミヨンサ］

銀行員　**은행원**　［ウネンウォン］

公務員　**공무원**　［コンムウォン］

社長　**사장**　［サジャン］

部(課)長　**부(과)장**　［プ(クァ)ジャン］

ご職業は　何ですか。

직업은　무엇입니까?
　チ　ゴブン　　　ム　オ シムニッ カ

何の　お仕事を　なさっていますか。

무슨　일을 하고　계십니까?
　ムスン　　イルル ハ ゴ　　ケ シムニッ カ

会社員です。

회사원입니다.
　フェ サ ウォニム ニ ダ

貿易　関係の　仕事です。

무역　관계의　일입니다.
　ム ヨク　クァン ゲ エ　　イ リム ニ ダ

会社の　社長です。

회사　사장입니다.
　フェサ　　　サ ジャンイム ニ ダ

日本の　医師です。

일본　의사입니다.
　イルボン　　　ウィ サ イム ニ ダ

父の　職業は　公務員です。

아버지　직업은　공무원입니다.
　ア ボ ジ　　チ ゴ ブン　　コン ム ウォニム ニ ダ

社長が　お話しされます。

사장님이　말씀하십니다.
　サ ジャンニ ミ　　マルス マ シム ニ ダ

> ⇒ハングルでは、「〜の」に相当する「의」[エ]をしばしば省略。社長や部長にも様(님)[ニム]をつけます。

家族
[가족・식구] ―― カァジョク・シクク

父 **아버지** [アボジ]

母 **어머니** [オモニ]

兄 **형님, 오빠** [ヒョンニム、オッパ]

姉 **누나, 언니** [ヌナ、オンニ]

弟 **남동생** [ナムドンセン]

妹 **여동생** [ヨドンセン]

おじいさん **할아버지** [ハラボジ]

おばあさん **할머니** [ハルモニ]

妻 **아내** [アネ]

女房 **마누라** [マヌラ]

息子 **아들** [アドゥル]

娘 **딸** [タル]

おじさん **아저씨** [アジョッシ]

> おばさん **아주머니** [アジュモニ]

私の 家族です。
우리 가족입니다.
ウリ カジョギムニダ

家族は 何人ですか。
식구는 몇 명입니까?
シクヌン ミョンミョンイムニッカ

息子と 娘が います。
아들과 딸이 있습니다.
アドゥルグァ タリ イッスムニダ

兄は もう 結婚して います。
형님은 벌써 결혼하고 있습니다.
ヒョンニムン ポルソ キョロナゴ イッスムニダ

妹は 3歳です。
여동생은 세 살입니다.
ヨドンセンウン セェー サリムニダ

弟は いません。
남동생은 없어요.
ナムドンセンウン オプソヨ

娘は 今 中学3年です。
딸은 지금 중학교 3학년입니다.
タルン チグム チュンハッキョ サマンニョニムニダ

⇒「**형님**」、「**누나**」は弟から見た場合に使い、妹から見た兄、姉
　は「**오빠**」、「**언니**」です。家族は「**식구**」(食口)とも言います。
　　ヒョンニム　ヌナ　　　　　　　　　　オッパ　　オンニ　　　　　　シクク

家 [집] — チプ

- 玄関　**현관**　[ヒョングァン]
- 戸　**문**　[ムン]
- 窓　**창문**　[チャンムン]
- 部屋　**방**　[パン]
- 屋根　**지붕**　[チブン]
- 台所　**부엌**　[プオク]
- 風呂場　**목욕탕**　[モギョクタン]
- 冷蔵庫　**냉장고**　[ネンジャンゴ]
- 洗濯機　**세탁기**　[セッタクキ]
- テレビ　**텔레비전**　[テルレビジョン]
- たんす　**농**　[ノン]
- 机　**책상**　[チェクサン]
- 食卓　**식탁**　[シクタク]
- 戸棚　**선반**　[ソンバン]

部屋の　中に　あります。

방　　안에　있습니다.
　パン　　ア ネ　イッスムニダ

戸を　閉めなさい。

문을　닫으시오.
　ムヌル　タドゥシオ

窓を　開けて　ください。

창문을　여세요.
　チャンムヌル　ヨセヨ

母は　台所に　います。

어머니는　부엌에　계십니다.
　オモニヌン　プオケ　ケシムニダ

机の　上に　あります。

책상　위에　있습니다.
　チェクサン　ウィエ　イッスムニダ

食卓に　いらっしゃい。

식탁에　오십시오.
　シクタゲ　オシプシオ

ビールは　冷蔵庫の　中に　あります。

맥주는　냉장고　안에　있습니다.
　メクチュヌン　ネンジャンゴ　アネ　イッスムニダ

戸棚に　お菓子が　あるよ。

선반에　과자가　있어요.
　ソンバネ　クァジャガ　イッソヨ

⇨「〜の中」は、「**안**」と「**속**」がよく用いられます。
　　　　　　アン　　　　ソク
　「〜**십시오**」は「〜**세요**」と言ってもかまいません。
　　シプシオ　　　　セヨ

第2章

体 [몸] ーーーーーーーー モム

頭　**머리**　[モリ]

顔　**얼굴**　[オルグル]

目　**눈**　[ヌン]

鼻　**코**　[コ]

口　**입**　[イプ]

耳　**귀**　[クィ]、首　**목**　[モク]、

手　**손**　[ソン]

腕　**팔**　[パル]（足の**발**よりも激しく発音する）

足　**발**　[パル]

脚　**다리**　[タリ]

腹　**배**　[ペ]

腰　**허리**　[ホリ]

背中　**등**　[トゥン]

胸　**가슴**　[カスム]

頭が　痛いよ。
머리가 아파요.
モリガ　アパヨ

手を　洗います。
손을　씻습니다.
ソヌル　シッスムニダ

顔を　洗いなさい。
얼굴을　씻으세요.
オルグルル　シスセヨ

目が　疲れました。
눈이　피곤했습니다.
ヌニ　ピゴネッスムニダ

耳で　聞きます。
귀로　듣습니다.
クィロ　トゥッスムニダ

腹が　痛いです。
배가　아픕니다.
ペガ　アプムニダ

おなかが　いっぱいです。
배가　부릅니다.
ペガ　プルムニダ

背中を　たたいてください。
등을　두드려 주세요.
トゥンウル　トゥドゥリョ ジュセヨ

胸が　いっぱいです。
가슴이　뿌듯 해집니다.
カスミ　プドゥッヘジムニダ

服装
[복장] — ポクチャン

帽子　**모자**　[モジャ]

めがね　**안경**　[アンギョン]

シャツ　**샤쓰**　[シャス]

スーツ　**슈트**　[シュートゥ]

ズボン　**양복 바지**　[ヤンボクゥ パジ]

ジーンズ　**청바지**　[チョンパジ]

スカート　**스커트**　[スコットゥ]

下着　**속옷**　[ソゴッ]

くつ下　**양말**　[ヤンマル]

くつ　**구두**　[クドゥ]

ハンカチ　**손수건**　[ソンスゴン]

かさ　**우산**　[ウサン]

チマチョゴリ　**치마저고리**　[チマチョゴリ]

帽子を かぶります。

모자를 씁니다.
モ ジャルル　スム ニ ダ

チマチョゴリが よく 似合いますか。

치마저고리가　잘　어울립니까?
チ マ チョゴ リ ガ　　チャル　　オ ウルリムニッカ

ハンカチを かして ください。

손수건을　빌려　주십시오.
ソンス ゴ ヌル　　ピルリョ　　ジュシプ シ オ

きれいな スカートですね。

예쁜　치마입니다.
イェップン　　チマ イムニダ

その めがねは いくらですか。

그 안경은 얼마입니까?
ク　　アンギョンウン　　オルマ イムニッカ

雨が 降る 日は かさを さします。

비가 내리는 날은 우산을 씁니다.
ビガ　ネ リ ヌン　ナルン　ウ サ ヌル　スム ニ ダ

その 友だちは ジーンズを はいて います。

그 친구들은 청 바지를 입고 있습니다.
ク　チング ドゥルン　チョン パ ジルル　イプコ　イッスム ニ ダ

今日は よい服装を してますね。

오늘은 멋진 복장을 하고 있군요.
オ ヌルン　モッチン ポクチャンウル　ハ ゴ　イックニョ

くつを 磨いて ください。

구두를 닦아 주세요.
ク ドゥルル　タッカ　ジュセヨ

79

スポーツ
[스포츠] ————————————————— スポーチュ

陸上競技 **육상 경기** [ユクサン キョンギ]

運動 **운동** [ウンドン]

水泳 **수영** [スヨン]

サッカー **축구** [チュクク]

バスケットボール **농구** [ノング]

バレーボール **배구** [ペグ]

スキー **스키** [スッキ]

テニス **테니스** [テニス]

スケート **스케이트** [スッケイットゥ]

卓球 **탁구** [タクク]

柔道 **유도** [ユド]

ボクシング **권투** [クォントゥ]

テコンドー **태권도** [テックォンド]

どんな スポーツが 好きですか。
무슨 스포츠를 좋아합니까?
ムスン スポーチュルル チョア ハムニッカ

どんな 運動を していますか。
어떤 운동을 하고 있습니까?
オットン ウンドンウル ハゴ イッスムニッカ

テニスが 好きです。
정구를 좋아합니다.
チョングルル チョア ハムニダ

スキーは できません。
스키는 못 합니다.
スキヌン モッ タムニダ

サッカーが できます。
축구를 할 수 있습니다.
チュックルル ハルス イッスムニダ

柔道は しません。
유도는 안 합니다.
ユドヌン アン ハムニダ

水泳を しましょう。
수영을 합시다.
スヨンウル ハプシダ

サッカーを 見に 行こう。
축구를 보러 가자
チュックルル ボロ カジャ

⇒ サッカー、バスケットボール、バレーボール、ボクシングはそのままでも通じます。**정구**(庭球)＝テニス

野球
[야구] ーーーーーーーーーー ヤグ

試合　**시합**　[シハプ]

監督　**감독**　[カムドク]

選手　**선수**　[ソンス]

投手　**투수, 피처**　[トゥス、ピッチョ]

内野手　**내야수**　[ネヤス]

外野手　**외야수**　[ウェヤス]

打者　**타자**　[タジャ]

ヒット　**히트**　[ヒットゥ]

安打　**안타**　[アンタ]

ホームラン　**홈런**　[ホムロン]

アウト　**아웃**　[アウッ]

野球場　**야구장**　[ヤグジャン]

1塁　**일루**　[イルリュ]

3塁手　**삼루수**　[サムリュス]

野球を 見に 行きます。
야구를 보러 갑니다.

野球は 面白いですね。
야구는 재미있어요.

彼は いい 投手です。
그는 좋은 투수입니다.

今日の 試合は ナイターです。
오늘 시합은 나이터입니다.

次は 4番打者です。
다음은 사 번 타자입니다.

ホームランを 打ちました。
홈런을 쳤습니다.

野球の 試合は 終わりました。
야구 시합은 끝났습니다.

プロ野球の 人気は すごいです。
프로야구 인기는 대단합니다.

好きな チームは どこですか。
좋아하는 팀은 어딥니까?

娯楽
[오락] ———— オラㇰ

テレビ **티비** [ティビ]

番組 **프로** [プロ]

ビデオ **비디오** [ビディオ]

ラジオ **라디오** [ラディオ]

ドラマ **드라마** [トゥラマ]

カラオケ **노래방** [ノレバン]（カラオケのこと）

インターネットカフェ **피시방** [ピシバン]

趣味 **취미** [チュィミ]

音楽 **음악** [ウマㇰ]

鑑賞 **감상** [カムサン]

読書 **독서** [トㇰソ]

ハイキング **하이킹** [ハイッキン]

演劇 **연극** [ヨングㇰ]

⇨ 피시방은 PC 방でもOKです。

映画を 見に 行きましょう。

영화를 보러 갑시다.
ヨンファルル ボロ カプシダ

映画を 見たい ですね。

영화를 보고 싶어요.
ヨンファルル ボゴ シッポヨ

カラオケで 歌を 歌います。

노래방에서 노래를 부릅니다.
ノレバンエソ ノレルル ブルムニダ

演劇する 場所は どこですか。

연극하는 장소는 어딥니까?
ヨングッカヌン チャンソヌン オディムニッカ

趣味は 何ですか。

취미는 무엇입니까?
チュィミヌン ムオシムニッカ

音楽 鑑賞です。

음악 감상입니다.
ウマク カムサンイムニダ

読書です。

독서입니다.
トクソイムニダ

いい趣味ですね。

좋은 취미네요.
チョウン チュィミネヨ

天気
[날씨・일기] ーーーーーー ナルシ・イルギ

晴れ **개임** [ケイム]、**맑음** [マルグム]

くもり **흐림** [フリム]

雨 **비** [ピ]

雪 **눈** [ヌン]

霧 **안개** [アンゲ]

空 **하늘** [ハヌル]

雲 **구름** [クルム]

風 **바람** [パラム]

台風 **태풍** [テップン]

暴風雨 **폭풍우** [ポクプンウ]

霜 **서리** [ソリ]

梅雨 **장마** [チャンマ]

天気予報 **일기예보** [イルギイェボ]

気温 **기온** [キオン]

今日は　天気が　いいです。
오늘은　날씨가　좋습니다.
オ ヌルン　ナル シ ガ　チョッスム ニ ダ

今日は　肌寒いです。
오늘은　쌀쌀합니다.
オ ヌルン　サルサルハムニダ

明日の　天気は　どうですか。
내일　날씨는　어떻습니까?
ネ イル　ナル シ ヌン　オットッスムニッカ

明日は　晴れです。
내일은　개임입니다.
ネ イルン　ケ イ ミムニダ

風が　強いですね。
바람이　세네요.
パ ラ ミ　セ ネ ヨ

今日は　寒いよ。
오늘은　추운데요.
オ ヌルン　チュウンデ ヨ

雨が　降ります。
비가　내립니다.
ピ ガ　ネ リムニダ

今日の気温は　何度くらいかね。
오늘 기온은　몇 도 정도죠?
オ ヌル キ オヌン　ミョット チョンドジョ

台風が　来ます。
태풍이　옵니다.
テップン イ　オムニ ダ

疑問
[의문] ウィムン

何 **무엇** [ムオッ]

いつ **언제** [オンジェ]

どこ **어디** [オディ]

どのように **어떻게** [オットッケ]

どんな **무슨** [ムスン]

だれ **누구** [ヌグ]

だれが **누가** [ヌガ]

なぜ **왜** [ウェ]

どの **어느** [オヌ]

どうして **어째서** [オッチェソ]

いくら **얼마** [オルマ]

何 **몇** [ミョッ]

⇨ 「누구」に助詞の「가」がつくときには、「누구가」とはならずに「누가」という形になります。

これは 何ですか。

이것은 무엇입니까?
イ ゴスン　ム オ シムニッカ

何を なさいますか。

무엇을 하시겠습니까?
ム オスル　ハ シ ゲッスムニッカ

これは いくらですか。

이것은 얼마예요?
イ ゴスン　オルマ エ ヨ

いくらくらい 要りますか。

얼마쯤(정도) 필요합니까(하세요)?
オル マチュム チョンド　ピリョハムニッカ　ハ セヨ

いつ 行きますか。

언제 갑니까?
オンジェ　カムニッカ

いつ 行かれますか。

언제 가십니까 (가세요)?
オンジェ　カ シムニッカ　カ セヨ

どこに ありますか。

어디에 있습니까?
オ ディ エ　イッスムニッカ

どのように お過ごしですか。

어떻게 지내십니까?(지내세요?)
オットッケ　チ ネ シムニッカ　チ ネ セェ ヨ

なぜ 来なかったのですか。

왜 오지 않았습니까?
ウェ　オ ジ　ア ナッスムニッカ

89

男と女 [남자와 여자] ── ナムジャワ ヨジャ

恋人　**애인**　[エイン]

愛　**사랑**　[サラン]

交際　**교제**　[キョジェ]

約束　**약속**　[ヤクソク]

婚約　**약혼**　[ヤッコン]

指輪　**반지**　[パンジ]

結婚　**결혼**　[キョロン]

プロポーズ　**프로포즈**　[プロポジュ]

ラブレター　**러브레터**　[ロブレット]

プレゼント　**선물**　[ソンムル]

恋愛　**연애**　[ヨネ]

失恋　**실연**　[シリョン]

離婚　**이혼**　[イホン]

恋人が います。
애인이 있습니다.
エイニ イッスムニダ

愛して います。
사랑하고 있습니다.
サランハゴ イッスムニダ

愛してるよ。
사랑해요.
サランヘヨ

あなたに プロポーズ します。
당신에게 프로포즈 하겠습니다.
タンシネゲ プロポジュ ハゲッスムニダ

結婚して ください。
결혼해 주세요.
キョロネ ジュセヨ

指輪を プレゼント します。
반지를 선물 하겠습니다.
パンジルル ソンムル ハゲッスムニダ

新婚 旅行は 済州島に 行きます。
신혼 여행은 제주도에 가겠습니다.
シノン ヨヘンウン チェジュドエ カゲッスムニダ

絶対に 離婚しては いけません。
절대로 이혼하지 마세요.
チョルテロ イホナジ マセヨ

⇨「**~겠습니다**」(~します)には意志の気持が含まれています。
　　ゲッスムニダ

電話
[전화] ── チョヌァ

| 電話番号 | **전화번호** [チョヌァボノ] |

電話番号　**전화번호**　[チョヌァボノ]

電話帳　**전화번호부**　[チョヌァボノブ]

携帯電話　**핸드폰**　[ヘンドゥポン]

　　　　　휴대폰　[ヒュデポン]

ファックス　**팩스**　[ペェクス]

公衆電話　**공중전화**　[コンジュンチョヌァ]

国際電話　**국제전화**　[ククチェチョヌァ]

テレホンカード　**전화카드**　[チョヌァカドゥ]

料金　**요금**　[ヨグム]

ダイヤル　**다이얼**　[タイオル]

e-メール　**e-메일**　[イ メイル]

呼び出し　**호출**　[ホッチュル]

伝言(伝達)　**전달**　[チョンダル]

もしもし。金龍武さんの お宅ですか。

여보세요? 김용무씨의 댁입니까?
ヨボセヨ　キムヨンムッシエ　テギムニッカ

ちょっと お待ちください。

조금　　기다려　주세요.
チョグム　　キダリョ　ジュセヨ

日本から 国際電話です。

일본에서　국제 전화입니다.
イルボネソ　ククチェ チョヌァイムニダ

料金は いくらですか。

요금은　얼마입니까?
ヨグムン　オルマイムニッカ

東京の 田中さんに つないで ください。

도쿄의　다나까씨에게　연결해　주십시오.
トキョエ　タナッカシエゲ　ヨンギョレ　ジュシプシオ

電話番号は 何番ですか。

전화번호는　몇 번입니까?
チョヌァボノヌン　ミョッポニムニッカ

ファックスを 東京に 送ってください。

팩스를　　　도쿄에　보내주십시오.
ペェクスルル　　トキョエ　ポネジュシプシオ

e-メール住所(アドレス)を 教えてください。

e-메일 주소를　　　가르쳐주세요.
イ メイル チュソルル　　カルチョジュセヨ

国ぐに
[나라들] ーーーーーーーー ナラドゥル

日本 **일본** [イルボン]

韓国 **한국** [ハングク]

中国 **중국** [チュングク]

アメリカ **미국** [ミグク]

イギリス **영국** [ヨングク]

フランス **프랑스** [プランス]

ドイツ **독일** [トギル]

国 **나라** [ナラ]

人 **사람** [サラム]

国民 **국민** [クンミン]

大衆 **대중** [テジュン]

アジア **아시아** [アシア]

アフリカ **아프리카** [アップリッカ]

ヨーロッパ **유럽** [ユロプ]

どこの 国の 人ですか。

어느 나라 사람입니까?
オヌ ナラ サラミムニッカ

どこから いらっしゃいましたか。

어디에서 오셨어요?
オディエソ オショッソヨ

アメリカから 来ました。

미국에서 왔습니다.
ミグゲソ ワッスムニダ

日本 人です。

일본 사람입니다.
イルボン サラミムニダ

韓国語は できますか。

한국말은 할 수 있어요?
ハングンマルン ハル ス イッソヨ

お国は どこですか。

나라는 어딥니까?
ナラヌン オディムニッカ

ヨーロッパの オランダです。

유럽의 네덜란드입니다.
ユロペ ネドゥルランドゥイムニダ

タイです。／トルコです。

타이(태국)입니다／터키입니다.
タイ テグクイムニダ トゥキイムニダ

空港
[공항] ──────────── コンハン

入国　**입국**　[イプクク]

出国　**출국**　[チュルグク]

手続き　**수속**　[スソク]

観光　**관광**　[クァングァン]

商用　**상용**　[サンヨン]

滞在　**체재**　[チェジェ]

税関　**세관**　[セグァン]

申告　**신고**　[シンゴ]

免税品　**면세품**　[ミョンセプム]

搭乗券　**탑승권**　[タプスンクォン]

パスポート、旅券　**여권**　[ヨックォン]

ビザ(査証)　**비자**　[ビジャ]

⇨ **탑승권**や**여권**の「권」は、とくに[**탑승꿘**(タプスンクォン)]「**여꿘**(ヨックォン)」と発音することに注意。

入国目的は 何ですか。

입국 목적은 무엇입니까?
_{イブクク モクチョグン ム オ シムニッカ}

留学です。

유학입니다.
_{ユ ハ ギムニ ダ}

観光です。

관 광 입니다.
_{クァングァンイム ニ ダ}

商用(ビジネス)です。

상용(비지니스)입니다.
_{サンヨン ビ ジ ニ ス イム ニ ダ}

何日 滞在しますか。

몇 일 체재합니까?
_{ミョッチル チェジェハムニッ カ}

旅券(パスポート)を 見せて ください。

여권을(패스포오트를) 보여 주십시오.
_{ヨックオヌル ペ スッポ オットゥルル ポ ヨ ジュシプシ オ}

申告する ものが ありますか。

신고할 것이 있습니까?
_{シン ゴ ハル コ シ イッスムニッ カ}

免税の 範囲内です。

면 세 범위내입니다.
_{ミョンセ ポムィネイムニ ダ}

交通機関
[교통기관] ──────── キョットンキグァン

車 **차** [チャ]

自動車 **자동차** [チャドンチャ]

トラック **화물차** [ファムルチャ]

汽車 **기차** [キッチャ]

電車 **전차** [チョンチャ]

地下鉄 **지하철** [チハッチョル]

バス **버스** [ポス]

市内バス **시내버스** [シネポス]

(町の)循環バス **순환버스** [スンファンポス]

高速バス **고속버스** [コソクポス]

タクシー **택시** [テクシ]

自転車 **자전거** [チャジョンゴ]

飛行機 **비행기** [ピヘンギ]

船 **배** [ペ]

第2章

近くに 地下鉄の 駅が ありますか。

근처에 지하철 역이 있습니까?
クンチョ エ　チ ハッチョル　ヨ ギ　イッスムニッカ

地下鉄が 便利です。

지하철이 편리합니다.
チ ハッチョ リ　ピョルリ ハム ニ ダ

タクシーで 行きます。

택시로 갑니다.
テクシ ロ　カム ニ ダ

バスの 停留所は どこですか。

버스 정류소는 어딥니까(어디예요)?
ポ ス　チョンニュ ソ ヌン　オディムニッカ　オディエ ヨ

バスに 乗って ください。

버스를 타 주세요.
ポ スルル　タ　ジュセ ヨ

船に 乗って みませんか。

배를 타 보지 않겠습니까?
ペ ルル　タ　ポ ジ　アンケッスムニッカ

ここで 降りましょう。

여기서 내립시다.
ヨ ギ ソ　ネ リプ シ ダ

高速バスの ターミナルです。

고속버스 터미널입니다.
コ ソク ポ ス　トゥミ ノ リム ニ ダ

> ⇒ 地下鉄は「**전철**」(電鉄)とも言います。列車(**열차**)を「**기차**」(汽車)とも言います。
> チョンチョル　ヨルチャ　キチャ

都市
[도시] ーーーーートシ

街路、通り **거리** [コリ]

道路 **도로** [トロ]

路地、横丁 **골목** [コルモク]

公園 **공원** [コンウォン]

交差点 **사거리, 네거리** [サゴリ、ネゴリ]

信号 **신호등** [シノドゥン]

橋 **다리** [タリ]

近所、近く **근처** [クンチョ]

曲り角 **모퉁이** [モトゥンイ]

町角 **길 모퉁이** [キル モトゥンイ]

ビル **빌딩** [ピルディン]

歩道 **보도** [ポド]

地下道 **지하도** [チハド]

横断歩道 **횡단보도** [フェンダンポド]

公園は どこですか。
공원은 어디입니까?
コンウォヌン オディイムニッカ

交番はどこなの。
파출소는 어디예요?
パチュルソヌン オディエヨ

> ⇒ 어딥니까?, 어디예요? もほぼ同じ意味。
> オディムニッカ オディエヨ

この 通りに「サラン」という 喫茶店が ありますか。
이 거리에 「사랑」이란 다방이 있습니까?
イ コリエ サラン イラン タバンイ イッスムニッカ

交差点の 近くです。
사거리 근처입니다.
サゴリ クンチョイムニダ

信号で 右へ 曲がります。
신호등에서 오른쪽으로 돕니다.
シノドゥンエソ オルンチョグロ トムニダ

橋を 渡って 行きなさい。
다리를 건너 가세요.
タリルル コンノ ガセヨ

その ビルの 前に あります。
그 빌딩 앞에 있습니다.
ク ビルディン アペ イッスムニダ

1つ目の 信号を 渡った ところです。
첫 번째 신호등을 건너간 곳입니다.
チョッポンチェ シノドゥンウル コンノガン ゴシムニダ

横断歩道の 向い側です。
횡단보도 건너편입니다.
フェンダンポド コンノピョニムニダ

ホテル
[호텔] ホッテル

フロント **프런트** [プロントゥ]

受付 **접수** [チョプス]

予約 **예약** [イェヤク]

ロビー **로비** [ロビ]

チェックアウト **체크 아웃**
　　　　　　　　チェク　アウッ

荷物 **짐** [チム]

領収証、計算書 **영수 증 , 계산서**
　　　　　　　　ヨン ス ジュン　ケ サン ソ

ルームサービス **룸서비스**
　　　　　　　　ルム ソ ビ ス

両替 **환전** [ファンジョン]

宿泊 **숙박** [スクパク]

新聞 **신문** [シンムン]

旅館、荘 **여관 , 장** [ヨグァン、ジャン]

オンドル部屋 **온돌방** [オンドルバン]

空き部屋は ありますか。

빈 방은 있습니까?
ビン バンウン イッスムニッカ

予約して おきました。

예약해 두었습니다.
イェヤッケ トゥオッスムニダ

両替は どこで するのですか。

환전은 어디서 합니까?
ファンジョヌン オディソ ハムニッカ

今日の レートは どうなってますか。

오늘 환율은 어떻게 되고있습니까?
オヌル ファンニュルン オットッケ テゴ イッスムニッカ

荷物を 運んで ください。

짐을 옮겨 주십시오.
チムル オムギョ ジュシプシオ

オンドル部屋は 空いて いますか。

온돌방은 비어 있습니까?
オンドルバンウン ビオ イッスムニッカ

計算書を ください。

계산서를 주세요.
ケサンソルル チュセヨ

⇒韓国で安く宿泊しょうとすれば、旅人宿(**여인숙**[ヨインスク])→旅館(**여관**)→荘(**장**)のランクがあります。それぞれ値段は2万ウォン前後→3万ウォン前後→4万ウォン前後です。

百貨店 [백화점] ──────── ペックァジョム

開店、閉店 **개점, 폐점** [ケジョム、ペジョム]

貴金属 **귀금속** [クィグムソク]

家庭用品 **가정용품** [カジョンヨンプム]

電気製品 **전기제품** [チョンギジェプム]

家具 **가구** [カグ]

おもちゃ **장난감** [チャンナンカム]

婦人服 **부인복** [プインボク]

紳士服 **신사복** [シンサボク]

食料品 **식료품** [シンニョプム]

売り場 **파는 곳, 파는 데, 매 장**
　　　　パヌン ゴッ　パヌン デ　メ ジャン

階　層 [チュン]

エレベーター **엘리베이터**
　　　　　　エルリ ベイット

エスカレーター **에스컬레이터**
　　　　　　　エスッコルレイット

トイレ **화장실** [ファジャンシル]

家具店は どこですか。
가구점은 어딥니까?
_{カグジョムン オディムニッカ}

2階で 服を 売って います。
2층에서 옷을 팔고 있습니다.
_{イ チュンエソ オスル パルゴ イッスムニダ}

トイレは 5階に あります。
화장실은 5층에 있습니다.
_{ファジャンシルン オチュンエ イッスムニダ}

何 階ですか。
몇 층입니까?
_{ミョッ チュンイムニッカ}

この 階ですか。
이 층입니까?
_{イ チュンイムニッカ}

駐車場は ありますか。
주차장은 있습니까?
_{チュチャジャンウン イッスムニッカ}

エレベーターは どこですか。
엘리베이터는 어디입니까?
_{エルリベイットヌン オディイムニッカ}

婦人服売り場に 行きたいんですが…。
부인복 매장에 가고 싶은데요.
_{プインポク メジャンエ カゴ シップンデヨ}

タバコ [담배] ― タムベ

タバコ屋　**담배 가게**　[タムベ カゲ]

国産タバコ　**국산 담배**　[ククサン タムベ]

輸入タバコ　**수입 담배**　[スイプ タムベ]

外国タバコ　**외국 담배**　[ウェグク タムベ]

タバコ1本　**담배 한개비**　[タムベ ハンゲピ]

タバコ1箱　**담배 한갑**　[タムベ ハンガプ]

マッチ　**성냥**　[ソンニャン]

火　**불**　[プル]

ライター　**라이터**　[ライット]

禁煙　**금연**　[クミョン]

灰皿　**재떨이**　[チェットリ]

喫煙コーナー　**흡연실**　[フビョンシル]

タバコを　3　箱　ください。

담배를　세　갑　주십시오.
タム ベルル　セ　ガプ　ジュシプシオ

タバコを　吸っても　いいですか。

담배　피워도　좋습니까?
タム ベ　ピウォド　チョッスムニッカ

マッチは　いくらですか。

성냥은　얼마입니까?
ソンニャウン　オルマイムニッカ

タバコを　1本　ください。

담배를　한　개비　주세요.
タム ベルル　ハン　ゲビ　チュセヨ

輸入　タバコは　ありますか。

수입　담배는　있습니까?
スイプ　タムベヌン　イッスムニッカ

火を　貸して　ください。

불을　빌려　주세요.
プルル　ピルリョ　ジュセヨ

この　部屋は　禁煙です。

이　방은　금연입니다.
イ　パンウン　クミョニムニダ

喫煙コーナーは　どこですか。

흡연실은　어딥니까?
フビョンシルン　オディムニッカ

居酒屋
[대폿집] ――――――― テッポッチプ

酒　**술**　[スル]
日本酒の類　**정종**　[チョンジョン]
焼酎　**소주**　[ソジュ]
どぶろく　**막걸리**　[マッコルリ]
ビール　**맥주**　[メクチュ]
ウィスキー　**위스키**　[ウィスッキ]
洋酒　**양주**　[ヤンジュ]
人蔘酒　**인삼주**　[インサムジュ]
つまみ　**안주**　[アンジュ]
祝杯　**축배**　[チュクペ]
乾杯　**건배**　[コンベ]
コップ　**컵**　[コプ]
刺身　**생선회**　[センソンフェ]
焼き串　**구이꼬치**　[クイッコチ]

第2章

どぶろくを ください。

막걸리를　주십시오(주세요).
マッコルリルル　チュシプシオ　チュセヨ

うまい 酒ですね。

맛있는　술이군요.
マシンヌン　スリグニョ

ビールを 飲みましょう。

맥주를　마십시다.
メクチュルル　マシプシダ

洋酒に しましょう。

양주로　합시다.
ヤンジュロ　ハプシダ

つまみを 持ってきて ください。

안주를　가져와　주십시오.
アンジュルル　カジョワ　チュシプシオ

たくさん 召し上がってください。

많이　드세요.
マニ　トゥセヨ

祝杯を あげましょう。

축배를　올립시다.
チュクペルル　オルリプシダ

乾杯しましょう。

건배 합시다.
コンベ　ハプシダ

> ⇨乾杯の時、よく使う文句は「**반갑습니다**」「**위하여**」な
> バンガプスムニダ　ウィハヨ
> どです。それぞれ、「(会えて)うれしいです」「(〜の)為
> に」という意味です。

109

食堂 [식당] ── シクタン

韓国料理 **한국요리** [ハングンニョリ]

日本料理 **일본요리** [イルボンニョリ]

焼肉 **불고기** [プルゴギ]

カルビ **갈비** [カルビ]

ビビンバ **비빔밥** [ピビムパプ]

スープ **국, 탕** [クク、タン]

クッパ **국밥** [ククパプ]

カクテギ **깍두기** [カクトゥギ]

箸 **젓가락** [チョッカラク]

スプーン **숟가락** [スッカラク]

水 **물** [ムル]

お茶 **차** [チャ]

➡韓国料理、日本料理のことを、それぞれ「**한식**」(韓式)、
　　　　　　　　　　　　　　　　　　　　　ハンシク
「**일식**」(日式)とも言っています。
　イルシク

110

第 2 章

韓国　料理を　食べに　行きましょう。
한국　요리를　먹으러　갑시다.
ハングン　ニョリルル　モグロ　カプシダ

この　キムチは　おいしいですね。
이　김치는　맛있네요.
イ　キムチヌン　マシンネヨ

何を　召し上がりますか。
무엇을　드시겠습니까?
ムオスル　トゥシゲッスムニッカ

焼肉を　ください。
불고기를　주십시오.
プルゴギルル　チュシプシオ

ビビンバが　食べたいです。
비빔밥을　먹고　싶습니다.
ビビムパブル　モッコ　シプスムニダ

お茶を　ください。
차를　주세요.
チャルル　チュセヨ

水を　ちょっと　ください。
물을　좀　주십시오.
ムルル　チョム　チュシプシオ

おいくらですか？
얼마　입니까?
オルマ　イムニッカ

⇒定食は 정 식。한 정 식(韓定食)。
　　　　チョンシク　ハンジョンシク

食べ物
[음식물] ウムシンムル

ご飯 **밥** [パプ]

パン **빵** [パン]

牛肉 **소고기** [ソゴギ]

豚肉 **돼지고기** [トェジゴギ]

魚 **생선** [センソン]

たまご **달걀** [タルギャル]

野菜 **야채** [ヤッチェ]

果物 **과일** [クァイル]

牛乳 **우유** [ウユ]

油 **기름** [キルム]

砂糖 **설탕** [ソルタン]

塩 **소금** [ソグム]

こしょう **후추** [フッチュ]

お菓子	**과자**	［クァジャ］
朝食	**아침(밥)**	［アッチム(パプ)］
昼食	**점심(밥)**	［チョムシム(パプ)］
夕食	**저녁(밥)**	［チョニョク(パプ)］
食事	**식사**	［シクサ］

お食事 なさいましたか。
식사   하 셨 습니까?
シク サ   ハ ショッスム ニッ カ

一緒に 夕食(を) しましょう。
같이   저녁(을)   합시다.
カッチ   チョニョ グル   ハプ シ ダ

いただきます。
잘 먹겠습니다.
チャル モクケッスム ニ ダ

お勘定 お願いします。
계산   부탁합니다.
ケサン   プタッカム ニ ダ

ごちそうさまでした。
잘 먹었습니다.
チャル モ ゴッスム ニ ダ

おいしかったです。
맛이 있었습니다.
マ シ イッソッスム ニ ダ

味
[맛] ———————————————— マッ

辛い **맵다** ［メプタ］

甘い **달다** ［タルダ］

苦い **쓰다** ［スダ］

すっぱい **시다** ［シダ］

しょっぱい **짜다** ［チャダ］

味が濃い **짙다** ［チッタ］

味が薄い **싱겁다** ［シンゴプタ］

おいしい **맛있다** ［マシッタ］

熱い **뜨겁다** ［トゥゴプタ］

冷たい **차갑다** ［チャガプタ］

⇨ 例文にあるように、文字通りには「味がある」という言い方で、「おいしい」という意味になります。また、その否定形「**맛이 없다**」(味がない)は「まずい」という意味になります。
マシ オプタ

これは 辛いです。
이것은 맵다.
　イ　ゴスン　メプタ

これこそ 韓国の 味だ。
이것이 한국의 맛이다.
　イ　ゴ　シ　　ハングゲ　マ　シ　ダ

それは 甘い。
그것은 달다.
　ク　ゴスン　タルダ

甘いのは 好きですよ。
단 것을 즐겨요.
　タン　ゴスル　チュルギョヨ

この 薬は 苦いです。
이 약은 씁니다.
　イ　ヤグン　スムニダ

しょっぱい キムチです。
짠 김치입니다.
　チャン　キムチイムニダ

すっぱいキムチが 好きです。
신 김치를 좋아해요.
　シン キムチルル　チョアヘヨ

おいしいです。
맛이 있습니다.
　マ シ　イッスムニダ

おいしいよ。
맛이 있어요.
　マ シ　イッソヨ

喫茶店
[다방] ──────────── タバン

コーヒー　**커피**　[コッピ]

紅茶　**홍차**　[ホンチャ]

人参茶　**인삼차**　[インサムチャ]

生姜茶　**생강차**　[センガンチャ]

麦茶　**보리차**　[ポリチャ]

ゆず茶　**유자차**　[ユジャチャ]

テーブル　**테이블**　[テイブル]

いす　**의자**　[ウィジャ]

メニュー　**메뉴**　[メニュ]

献立表　**메뉴판**　[メニュパン]

注文(オーダー)　**주문**　[チュムン]

取り消し　**취소**　[チュィソ]

⇒店の人を呼ぶ時は、自分の存在を知らせる「**여기요!**」(ヨギョ)(こ
こだよ)と言ったり、あるいは店員が若い女性なら「**아
가씨!**」(アガッシ)、「**언니**」(オンニ)、年輩の女性なら「**아주마!**」(アジュマ)、男性なら
ふつう「**아저씨!**」(アジョッシ)と言って声をかけます。

いらっしゃいませ。何名様 ですか？

어서오세요.　　몇 분 이세요?
オソオセヨ　　　ミョッ ブン イセヨ

２名(２人)です。席はありますか？

２명 (둘・둘이)입니다.　자리가 있습니까?
トゥミョン トゥル トゥリ イムニダ　　チャリガ ムイッ ニッカ

はい。こちらへ お座りください。

네.　이쪽으로　앉으세요.
ネエー　イチョグロ　アンジュセヨ

メニューを 見せて ください。

메뉴를　　보여　　주십시오.
メニュルル　　ポヨ　　ジュシプシオ

注文します。

주문하겠어요.
チュムン ハゲッソ ヨ

取り消します。

취소하겠습니다.
チュィソ ハゲッスム ニダ

コーヒーを ください。

커피를　　주세요(주십시오).
コピルル　　チュセヨ チュシプシオ

トイレは どこですか。

화장실은　어딥니까?
ファジャン シルン　オディムニッカ

領収書を ください。

영수증을　주세요.
ヨン ス ジュンウル　チュセヨ

駅 [역] ― ヨク

列車　**열차**　[ヨルチャ]

出発　**출발**　[チュルバル]

停車　**정차**　[チョンチャ]

到着　**도착**　[トッチャク]

時刻表　**시각표**　[シガクピョ]

改札口　**개찰구**　[ケッチャルグ]

切符　**차표, 표**　[チャピョ、ピョ]

ホーム　**호움**　[ホウム]

駅員　**역원, 역 직원**　[ヨグォン、ヨクチグォン]

特急　**특급**　[トゥックプ]

待合室　**대합실**　[テハプシル]

販売機　**판매기**　[パンメギ]

セマウル号　**새마을호**　[セマウルホ]

何時に 出発しますか。
몇시에 출발합니까?
ミョッシ エ チュルバルハムニッカ

次の 釜山行きは 何時ですか。
다음 부산행은 몇시입니까?
タ ウム プ サンヘンウン ミョッシイムニッカ

改札口で 待って ますよ。
개찰구에서 기다리고 있겠어요.
ケチャルグエソ キダリゴ イッケッソヨ

時刻表は どこに ありますか。
시각표는 어디에 있습니까?
シガッピョヌン オディエ イッスムニッカ

どこで 乗り換えますか。
어디에서 갈아탑니까?
オディエソ カラタムニッカ

次の 列車に 乗ります。
다음 열차를 타겠습니다.
タ ウム ヨルチャルル タゲッスムニダ

切符を 買って ください。
차표를 사 주십시오.
チャピョルル サ ジュシプシオ

10時の 慶州行きの セマウル号は 空いてますか。
열시 경주행 새마을호는 비어 있습니까?
ヨルシ キョンジュヘン セマウルホヌン ピオ イッスムニッカ

> ⇒出口は「**출구, 나가는 곳**」、降り場(降り口)は「**내리는 곳**」、
> チュルグ ナガヌン コッ ネリヌン コッ
> 乗場は「**타는 곳**」、片道は「**편도**」、往復は「**왕복**」とそ
> タヌン コッ ピョンド ワンボク
> れぞれ言います。乗り換えは「**노리카에**」でも通じます。
> ノリカエ

郵便 [우편] ウピョン

郵便局　**우체국**　[ウチェグク]

手紙　**편지**　[ピョンジ]

はがき　**엽서**　[ヨプソ]

絵はがき　**그림엽서**　[クリムヨプソ]

速達　**속달**　[ソクタル]

書留　**등기**　[トゥンギ]

小包　**소포**　[ソッポ]

航空便　**항공편**　[ハンゴンピョン]

切手　**우표**　[ウピョ]

郵便ポスト　**우체통**　[ウチェトン]

封筒　**봉투**　[ポントゥ]

便箋　**편지지**　[ピョンジジ]

300ウォン切手を　5枚　ください。
300원 우표를　다섯 장　주십시오.
サムベグォン ウピョルル　タソッチャン　チュシプシオ

いくらですか。
얼마입니까?
オル マ イムニッ カ

速達で　お願いします。
속달로　부탁합니다.
ソクタル ロ　プタッカム ニ ダ

手紙を出します。
편 지를　보냅니다.
ピョン ジ ルル　ポ ネム ニ ダ

航空便で　お願いします。
항공편으로　부탁합니다.
ハンゴンピョ ヌ ロ　プタッカム ニ ダ

ポストは　どこに　ありますか。
우체통은　어디에　있습니까?
ウ チェ トンウン　オディエ　イッスムニッ カ

あの　道の　角に　あります。
저　길　모퉁이에　있습니다.
チョ　ギル　モットゥンイ エ　イッスム ニ ダ

国際ビジネス便に　してください。
국제 비지니스편으로　해주세요.
ククチェ ビ ジ ニ スピョヌ ロ　ヘ ジュ セ ヨ

121

銀行 [은행] ウネン

普通預金　**보통예금**　[ポトンイェグム]

定期預金　**정기예금**　[チョンギイェグム]

利子　**이자**　[イジャ]

換金　**환금**　[ファングム]

両替　**환전**　[ファンジョン]

お金　**돈**　[トン]

現金　**현금**　[ヒョングム]

小切手　**수표**　[スッピョ]

ウォン　**원**　[ウォン]

窓口　**창구**　[チャング]

小銭　**잔돈**　[チャンドン]

レート(為替)　**환율**　[ファニュル]

お釣　**거스름돈**　[コスルムトン]

普通預金に　して　ください。
보통 예금으로　해　주십시오.
　ポトン　イェグムロ　ヘ　ジュシプシオ

日本に　送金して　ください。
일본에　송금해　주세요.
　イルボネ　ソングメ　ジュセヨ

利子は　いくらですか。
이자는　얼마입니까?
　イジャヌン　オルマイムニッカ

早く　お願いします。
빨리　부탁하겠습니다.
　パルリ　プタッカゲッスムニダ

ウォンに　換金(両替)して　ください。
원으로　환전해　주세요.
　ウォヌロ　ファンジョンヘ　ジュセヨ

今日のレートは　どうなっていますか。
오늘 환 율은　어떻게 되고 있습니까?
　オヌル ファニュルン　オットッケ テゴ イッスムニッカ

窓口で　お待ち　ください。
창구에서　기다리세요.
　チャングエソ　キダリセヨ

お釣は　要りません。
거스름돈은　필요없습니다.
　コスルムトヌン　ピリョオプスムニダ

コンピューター
[컴퓨터] ——————————— コムピュトォ

ノートブック **노트북** [ノトゥブク]

スペック(仕様) **사양** [サヤン]

キーボード **키보드** [キボドゥ]

マウス **마우스** [マウス]

プリンター **프린터** [プリント]

インターネット **인터넷** [イントォネッ]

e-メール **이 메일** [イメイル]

パソコンゲーム **PC 게임** [ピシゲイム]

ホームページ **홈페이지** [ホムペイジ]

チャット **채팅** [チェティン]

掲示板 **게시판** [ケシパン]

オークション **경매** [キョンメ]

インターネットカフェ **PC 방** [ピシバン]

近くに インターネットカフェが ありますか。
**근처에 PC 방			이	있습니까?**
クンチョ エ　ピ シ バン				イ　　イッスムニッカ

インターネットカフェで インターネットを します。
**PC 방에서		인터넷을		합니다.**
ピ シ バン エ ソ		イントォネッスル		ハ ム ニ ダ

パソコンで FAX を 送ります。
**컴퓨터로	팩 스를	보냅니다.**
コ ム ピュト ォ ロ　　ペェクス ル ル　　ポ ネ ム ニ ダ

e メールで 添付ファイルを 送ります。
**이 메일로	첨 부파일을		보냅니다.**
イ　メ イル ロ　　チョム ブ パ イル ル　　ポ ネ ム ニ ダ

チャットで 友だちと 話を します。
**채 팅 롬	친구와	이야기를	합니다.**
チェティンロ ム　　チン グ ワ　　イ ヤ ギ ル ル　　ハ ム ニ ダ

掲示板に 書き込みを します。
**게시판에	글을		올립니다.**
ケ シ パ ネ　　ク ル ル　　　オ ル リ ム ニ ダ

ノートブックを 買います。
**노트북을		삽니다.**
ノ トゥ ブ グ ル　　サ ム ニ ダ

プリンターで 印刷を します。
**프린터로	인쇄를	합니다.**
プ リ ン ト ォ ロ　　イ ン シェ ル ル　　ハ ム ニ ダ

文房具
[문방구] ─────────── ムンバング

鉛筆　**연필**　[ヨンピル]

万年筆　**만년필**　[マンニョンピル]

ボールペン　**볼펜**　[ポルペン]

消しゴム　**지우개**　[チウゲ]

ノート　**공책**　[コンチェク]

紙　**종이**　[チョンイ]

筆入れ　**필갑, 필통**　[ピルガプ、ピルトン]

カッター(ナイフ、包丁類)　**칼**　[カル]

電気スタンド　**전 기 스탠드**
　　　　　　　チョン ギ　スッテンドゥ

本棚　**책장**　[チェクチャン]

インク　**잉크**　[インク]

コピー・複写　**카피・복사**　[カピー・ポクサ]

黒板　**칠판**　[チルパン]

この　万年筆を　ください。
이　　만년 필을　주십시오(주세요).
　イ　　　マンニョン ピ ルル　チュ シ プ シ オ　チュ セ ヨ

ボールペンを　見せて　ください。
볼펜을　　　　보여　　주십시오.
　ポル ペ ヌル　　　　ポ ヨ　　ジュ シ プ シ オ

ノートを　2冊　買います。
공책을　　두 권　삽니다.
　コン チェ グル　　トゥ グォン　サム ニ ダ

鉛筆が　10本　あります。
연필이　　열 자루　있습니다.
　ヨン ピ リ　　ヨル チャ ル　イッ ス ム ニ ダ

カッターを　貸して　ください。
칼을　　　　빌려　　주세요.
　カ ルル　　　　ピル リョ　　ジュ セ ヨ

コピーを　しに　行きます。
카피를　하러　갑니다.
　カ ピ ルル　ハ ロ　カム ニ ダ

落書きを　消しゴムで　消します。
낙서를　　지우개로　　지웁니다.
　ナク ソ ルル　　チ ウ ゲ ロ　　チ ウム ニ ダ

黒板に　チョークで　単語を　書きます。
칠판에　분필로　　　단어를　씁니다.
　チル パ ネ　プン ピル ロ　　タ ノ ルル　ス ム ニ ダ

本屋 [책방] ──────── チェクパン

- 雑誌 **잡지** [チャプチ]
- 小説 **소설** [ソソル]
- 文学 **문학** [ムナク]
- 詩集 **시집** [シジプ]
- 絵本 **그림책** [クリムチェク]
- 専門書 **전문서** [チョンムンソ]
- 実用書 **실용서** [シリョンソ]
- 参考書 **참고서** [チャムゴソ]
- 辞書 **사전** [サジョン]
- 新刊書 **신간서** [シンガンソ]
- マンガ **만화** [マヌァ]
- 語学書 **어학서** [オハクソ]
- 日本の本 **일본 책** [イルボン チェク]

雑誌は どこに ありますか。
잡지는 어디에 있습니까?
チャプチヌン オディエ イッスムニッカ

専門書 コーナーは どこですか。
전문서적 코너는 어딥니까?
チョンムンソジョク コノヌン オディムニッカ

小説を 読みます。
소설을 읽습니다.
ソソルル イクスムニダ

最近の 人気小説は 何ですか。
최근의 인기소설은 무엇입니까?
チェグネ インキソソルン ムオシムニッカ

どの 辞書が いいですか。
어느 사전이 좋습니까?
オヌ サジョニ チョスムニッカ

この 辞書を 買います。
이 사전을 삽니다.
イ サジョヌル サムニダ

この 参考書が いいよ。
이 참고서가 좋아요.
イ チャムゴソガ チョアヨ

マンガを 買いたいね。
만화를 사고 싶어요.
マヌァルル サゴ シッポヨ

第2章

129

学校
[학교] — ハクキョ

教室 **교실** [キョシル]

運動場 **운동장** [ウンドンジャン]

先生 **선생님** [ソンセンニム]

男子(女子)学生 **남자(여자)학생**
ナムジャ ヨジャ ハクセン

小(中)学生 **초등(중)학생** [チョドゥン(チュン)ハクセン]

高校生 **고교생** [コギョセン]

授業 **수업** [スオプ]

宿題 **숙제** [スクチェ]

教科書 **교과서** [キョグァソ、キョクァソ]

成績 **성적** [ソンジョク]

入学、卒業 **입학, 졸업** [イプパク、チョロプ]

試験、テスト **시험** [シホム]

夏(冬)休み **여름(겨울)방학**
ヨルム キョウル パンハク

⇨ 小・中・高・大学生は、すべて「**학생**」と呼びます。
　　　　　　　　　　　　　　　ハクセン

教室で　先生が　授業を　します。
교실에서　선생님이　수업을　합니다.
キョシレソ　ソンセンニミ　スオブル　ハムニダ

出席・欠席・遅刻を　確認します。
출석・결석・지각을　확인합니다.
チュルソク　キョルソク　チガグル　ファギンハムニダ

どんな　科目が　好きですか。
어떤　과목을　좋아합니까?
オットン　クァモグル　チョアハムニッカ

今日は　宿題が　ありますか。
오늘은　숙제가　있습니까?
オヌルン　スクチェガ　イッスムニッカ

いつ　試験が　ありますか。
언제　시험이　있습니까?
オンジェ　シホミ　イッスムニッカ

成績は　いいですか。
성적은　좋습니까?
ソンジョグン　チョスムニッカ

夏休み(冬休み)は　何を　しますか。
여름방학(겨울방학)은　무엇을　합니까?
ヨルムパンハ　キョウルパンハグン　ムオスル　ハムニッカ

来年　卒業します。
내년에　졸업합니다.
ネニョネ　チョロパムニダ

大学
[대학] ——————————— テハク

留学生 **유학생** [ユハクセン]

専攻 **전공** [チョンゴン]

大学院 **대학원** [テハグォン]

図書館 **도서관** [トソグァン]

講堂 **강당** [カンダン]

寮(寄宿舎) **기숙사** [キスクサ]

下宿 **하숙** [ハスク]

奨学金 **장학금** [チャンハクグム]

講義 **강의** [カンイ]

教授 **교수** [キョス]

講師 **강사** [カンサ]

研究 **연구** [ヨング]

論文 **논문** [ノンムン]

日本から　来た　留学生です。
일본에서　온　유학생입니다.
イルボネソ　オン　ユハクセンイムニダ

専攻は　何ですか。
전공은　무엇입니까?
チョンゴンウン　ムオシムニッカ

韓国の　歴史です。
한국의　역사입니다.
ハングゲ　ヨクサイムニダ

金教授の　講義に　出席します。
김교수님　강의에　출석합니다.
キムキョスニム　カンイエ　チュルソッカムニダ

講義は　3時に　始まります。
강의는　3시에　시작합니다.
カンイヌン　セーシエ　シジャクカムニダ

図書館で　論文を　書きます。
도서관에서　논문을　씁니다.
トソグァネソ　ノンムヌル　スムニダ

インターネットで　資料の　検索をします。
인터넷으로　자료를　검색합니다.
イントネスロ　チャリョルル　コムセカムニダ

下宿は　高いです。寮(寄宿舎)は　安いです。
하숙은　비쌉니다. 기숙사는　쌉니다.
ハスグン　ピッサムニダ　キスクサヌン　サムニダ

病気
[병] ピョン

病院	**병원**	[ピョンウォン]
内科	**내과**	[ネックァ]
外科	**외과**	[ウェックァ]
歯科	**치과**	[チックァ]
かぜ	**감기**	[カムギ]
けが	**부상**	[プサン]
治療	**치료**	[チリョ]
診察	**진찰**	[チンチャル]
入院	**입원**	[イブォン]
がん	**암**	[アム]
血圧	**혈압**	[ヒョラプ]
漢方	**한방**	[ハンバン]
薬局	**약국**	[ヤックク]

かぜを ひきました。
감기 들었습니다.
カムギ　トゥロッスムニダ

頭が 痛いんです。
머리가 아파요.
モリガ　アッパヨ

おなかが 痛いんです。
배가 아파요.
ペガ　アッパヨ

近くに 薬局が ありますか。
근처에 약국이 있습니까?
クンチョエ　ヤックギ　イッスムニッカ

薬を 飲みます。
약을 먹습니다.
ヤグル　モクスムニダ

盲腸の 手術を しました。
맹장 수술을 했습니다.
メンジャン　ススルル　ヘッスムニダ

まだ 酒は 飲めませんよ。
아직 술은 마실 수 없습니다.
アジク　スルン　マシル ス オプスムニダ

よく 休んでください。
잘 쉬십시오.
チャル　シュィシプシオ

観光地
[관광지] ―――――――― クァングァンジ

慶州　**경주**　[キョンジュ]

扶余　**부여**　[プヨ]

徳寿宮　**덕수궁**　[トゥスグン]

景福宮　**경복궁**　[キョンボククン]

昌徳宮　**창덕궁**　[チャンドククン]

明洞　**명동**　[ミョンドン]

鍾路　**종로**　[チョンノ]

東大門市場　**동대문시장**
　　　　　　トン デ ムン シ ジャン

南大門市場　**남대문시장**
　　　　　　ナム デ ムン シ ジャン

大学路　**대학로**　[テハンノ]

江南　**강남**　[カンナム]

雪嶽山　**설악산**　[ソラクサン]

ショッピング　**쇼핑**　[ショピン]

お土産　**선물**　[ソンムル]

景福宮を　見に　行きたいです。
경복궁을　보러　가고 싶습니다.
_{キョンボックンウル　ポロ　カゴ　シプスムニダ}

慶州には　行かれましたか。
경주에는　가 셨 습니까?
_{キョンジュ エ ヌン　カ ショッスムニッ カ}

扶余へ　行く　予定です。
부여로　갈　예정 입니다.
_{プヨロ　カル　イェジョンイムニダ}

一緒に　済州島に　行きましょう。
같이　제주도에　갑시다.
_{カッチ　チェジュドエ　カプシダ}

夜は　明洞に　出ましょうか。
밤에는　명동에　나갈까요?
_{パメヌン　ミョンドンエ　ナガルカヨ}

はい、そうしましょう。
네,　그렇게 합시다.
_{ネ　クロッケ ハプシダ}

東大門市場で　ショッピングを　しましょう。
동대문시장에서　쇼핑을　합시다.
_{トンデムンシジャンエソ　ショピンウル　ハプシダ}

お土産は　何を　買いましたか。
선물은　무엇을　샀습니까?
_{ソンムルン　ムオスル　サッスムニッカ}

自然
[자연] ーーーー チャヨン

宇宙 **우주** [ウジュ]

地球 **지구** [チグ]

山 **산** [サン]

野原 **들** [トゥル]

川 **강** [カン]

海 **바다** [パダ]

湖 **호수** [ホス]

風 **바람** [パラム]

月 **달** [タル]

星 **별** [ピョル]

太陽 **태양, 해** [テヤン、ヘ]

森 **숲** [スプ]

島 **섬** [ソム]

温泉 **온천** [オンチョン]

高い　山に　登りましょう。
높은　산에　올라갑시다.
　　ノプン　　サネ　　　オルラカプシダ

空に　太陽が　昇ります。
하늘에　태양이　솟아오릅니다.
　ハヌレ　　　テヤンイ　　ソサオルムニダ

大きな　川を　渡ります。
큰　　　강을　건넙니다.
　クン　　　　カヌウル　コンノムニダ

海は　広いですよ。
바다는　넓어요.
　パダヌン　　ノルポヨ

強い　風が　吹きます。
세찬　바람이　붑니다.
　セチャン　　パラミ　　プムニダ

森の　中を　歩きます。
숲　속을　걷습니다.
　スプ　　ソグル　　コッスムニダ

星が　光って　います。
별이　빛나고　있습니다.
　ピョリ　　ピンナゴ　　イッスムニダ

週末に　温泉に　行きましょう。
주말에 온천에　갑시다.
　チュマレ　　オンチョネ　　カプシダ

否定形
[부정형] ― プジョンヒョン

違います(ありません)	아닙니다	アニムニダ
ありません(いません)	없습니다	オプスムニダ
行きません	가지 않습니다	カジ アンスムニダ
行きません	안 갑니다	アン ガムニダ
行けません	못 갑니다	モッ カムニダ
行けません	갈 수 없습니다	カルス オプスムニダ
食べません	먹지 않습니다	モクチ アンスムニダ
食べません	안 먹습니다	アン モクスムニダ
食べられません	못 먹습니다	モン モクスムニダ
食べられません	먹을 수 없습니다	モグルス オプスムニダ
勉強しません	공부하지 않습니다	コンブハジ アンスムニダ
勉強しません	공부 안 합니다	コンブ アン ハムニダ
大きくありません	크지 않습니다	クジ アンスムニダ
大きくありません	안 큽니다	アン クムニダ

第2章

わたしは　学生では　ありません。
저는　　　학생이　　아닙니다.
　チョヌン　　　ハクセン イ　　ア ニムニ ダ

今　時間が　ありません。
지금　시간이　없습니다.
　チグム　シガ ニ　オプスム ニ ダ

母は　今　家に　いません。
어머니는　지금　집에　없습니다.
　オ モ ニヌン　チグム　チベ　オプスム ニ ダ

残念ですが、明日は　行けません。
유감스럽지만, 내일은　못　갑니다.
　ユ ガムスロプチマン　　ネイルン　モッ　カムニ ダ

コーヒーでも　飲みませんか。
커피라도　안　마시겠습니까?
　コッピラ ド　　アン　マ シゲッスムニッカ

辛くて　食べられません。
매워서　못　먹습니다.
　メウォソ　　モン モクスム ニ ダ

自動車は　運転できません。
자동차는　운전 할 수 없습니다.
　チャドンチャヌン　ウンジョンハル ス オプスム ニ ダ

⇒ハングルの否定形はいつくかあります。**안, 아니(다)**, ~
　　　　　　　　　　　　　　　　　　　　　　ア ン　ア ニ ダ
지 않다(아니하다)はただの否定形です。**못~, ~을 수 없**
ジ アンタ アニハダ　　　　　　　　　　　　　モッ　　ウル ス オプ
다(없습니다)は不可能(~できない)を表す否定形です。
ダ オプスム ニ ダ

動物
[동물] ──────────────── トンムル

イヌ **개** [ケ]
ネコ **고양이** [コヤンイ]
ウシ **소** [ソ]
ウマ **말** [マル]
ブタ **돼지** [トェジ]
キツネ **여우** [ヨウ]
サル **원숭이** [ウォンスンイ]
ネズミ **쥐** [チュィ]
ライオン **사자** [サジャ]
トラ **호랑이, 범** [ホランイ、ポム]
カラス **까마귀** [カマグィ]
ニワトリ **닭** [タク]
ハト **비둘기** [ピドゥルギ]
カササギ **까치** [カッチ]

どんな ペットを 飼っていますか。
무슨 애완동물을 키웁니까?
　　ムスン　エワントンムルル　キウムニッカ

うちでは イヌを 飼って います。
우리 집에서는 개를 키우고 있습니다.
　ウリ　チベソヌン　　ケルル　キウゴ　イッスムニダ

かわいい ネコですね。
귀여운 고양이군요.
　クィヨウン　　　コヤンイグニョ

イヌより ネコが 好きです。
개보다 고양이를 좋아합니다.
　ケボダ　　　　コヤンイルル　チョアハムニダ

韓国には 野生の サルが いますか。
한국에는 야생 원숭이가 있습니까?
　ハングゲヌン　ヤセン　　ウォンスンイガ　イッスムニッカ

動物園に 行きましょう。
동물원에 갑시다.
　トンムルォネ　カプシダ

大きな ゾウですね。
큰 코끼리군요.
　クン　　　コッキリグニョ

韓国には カラスが 見えませんね。
한국에는 까마귀가 안 보이네요.
　ハングゲヌン　カマグィガ　アン　ボイネヨ

植物
[식물] — シンムル

- マツ **소나무** [ソナム]
- ヤナギ **버드나무** [ポドゥナム]
- ケヤキ **느티나무** [ヌッティナム]
- イチョウ **은행나무** [ウネンナム]
- ポプラ **미류나무** [ミリュナム]
- サクラ **벚나무** [ポンナム]
- ウメ **매화나무** [メファナム]
- コスモス **코스모스** [コスモス]
- ムクゲ **무궁화** [ムグンファ]
- バラ **장미** [チャンミ]
- キク **국화** [クックァ]
- 草 **풀** [プル]
- 花 **꽃** [コッ]
- 木 **나무** [ナムー]

立派な　マツですね。

대단한　소나무이군요.
テダナン　ソナムイグニョ

紅葉が　きれいな　季節ですね。

단풍이　예쁜　계절이군요.
タンプンイ　イェップン　ケジョリグニョ

ポプラ　並木を　歩きましょう。

미류나무　가로수를　걸읍시다.
ミリュナム　カロスルル　コルプシダ

この　木は　韓国語で　何と　言いますか。

이　나무는　한국말로　뭐라고　합니까?
イ　ナムヌン　ハングンマルロ　ムォラゴ　ハムニッカ

ムクゲは　韓国を　代表する　花です。

무궁화는　한국을　대표하는　꽃입니다.
ムグンファヌン　ハンググル　テッピョハヌン　コッチムニダ

日本で　4月は　サクラの　季節です。

일본에서　사월은　벚나무　계절입니다.
イルボネソ　サウォルン　ポンナム　ケジョリムニダ

韓国でも　サクラの　花見を　やります。

한국에서도　벚꽃을　구경합니다.
ハングゲソド　ポッコチュル　クギョンハムニダ

可憐な　コスモスが　好きです。

귀여운　코스모스를　좋아합니다.
クィヨウン　コスモスルル　チョアハムニダ

⇒サクラの花見は、**벚꽃놀이**と言います。
ポッコッノリ

第２章

※韓国人の名前

　姓もそうですが、韓国人の名前は日本人に比べてそのバリエーション(幅)は狭いようです。男子は、道教の影響を受けた「五行」やその他によって複雑に組み合わされた1字が生前からすでに決定され、その漢字を名前の1字に使うことになっています。この1字のことをふつう「行列字」(항렬자)、もしくは「回り字」(돌림자)と言います。この1字を見れば、同姓の同じ派なら何代目かがわかるようになっています。

　当然のことながら「木・火・土・金・水」などにちなむ漢字が多く使われるようになります。現在ではこの方法によって名前をつけない人も出てきていますが、まだまだ根強く守られているようです。

　したがって、朝鮮人・韓国人男子の名前は同じ漢字が使われることがしばしばあります。また女子には男子の方法はとらず、次の漢字がよく使われています。

　美(미　ミ)、貞(정　チョン)、明(명　ミョン)、賢(현　ヒョン)、銀(은　ウン)、蓮(연　ヨン)、喜(희　ヒ)、京(경　キョン)、敬(경　キョン)、淑(숙　スク)、姫(희　ヒ)、珠(주　チュ)、愛(애　エ)、媛(원　ウォン)、順(순　スン)、玉(옥　オク)、子(자　ジャ)、粉(분　プン)、英(영　ヨン)、栄(영　ヨン)、貴(귀　クィ)など。

　また、韓国は男子を尊ぶ風潮があり、女の子ばかり生まれると、次に男の子が生まれることを願い、女子に「男」や「南」(男と南は発音が同じで、ともに남[ナム])の漢字を用いて付けることがあります。

　なお、日本の女性名の「～子」も、本来男子を意味します。

第3章

ハングルの決まり文句

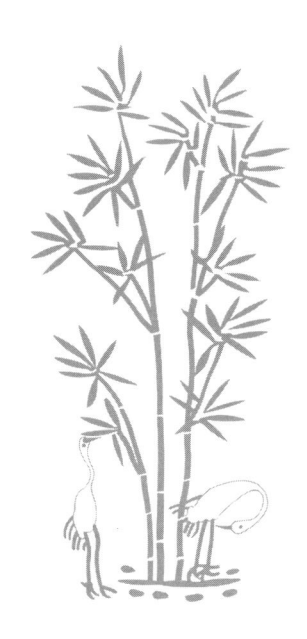

パターン① あいさつ [인사]
<small>インサ</small>

1. おはよう。　　　　　　　**안녕 하세요?**
<small>アンニョン ハ セ ヨ</small>

2. おはようございます。　　**안녕 하십니까?**
<small>アンニョン ハ シムニッカ</small>

3. こんにちは。　　　　　　**안녕 하세요?**
<small>アンニョン ハ セ ヨ</small>

4. こんにちは。　　　　　　**안녕 하십니까?**
<small>アンニョン ハ シムニッカ</small>

5. こんばんは。　　　　　　**안녕 하십니까?**
<small>アンニョン ハ シムニッカ</small>

6. さようなら(去る人が)　　**안녕히 계십시오.**
<small>アンニョン ヒ ケシプシオ</small>

7. さようなら(見送る人が)　**안녕히 가십시오.**
<small>アンニョン ヒ カシプシオ</small>

8. おやすみなさい。　　　　**안녕히 주무세요.**
<small>アンニョン ヒ チュム セ ヨ</small>

9. 初めまして。　　　　　　**처음 뵙겠습니다.**
<small>チョウム ペプケッスムニダ</small>

10. よろしくお願いいたします。**잘 부탁 드리겠습니다.**
<small>チャル プタク トゥリゲッスムニダ</small>

11. どういたしまして。　　　{ **천만의 말씀입니다.**
<small>チョンマネ マルスムイムニダ</small>
　　　　　　　　　　　　　　천만에요.
<small>チョンマネヨ</small>

ワンポイント

안녕 [安寧]：安寧、穏やかで平和なこと
アンニョン

안녕히：安寧に
アンニョン ヒ

계시다：**있다** (いる)の敬語、いらっしゃる
ケ シ ダ　　イッ タ

가시다：**가다** (行く)の敬語、行かれる
カ シ ダ　　カ ダ

주무시다：**자다** (寝る)の敬語、おやすみになる
チュ ム シ ダ　　チャ ダ

처음：初めて、初めに
チョ ウ ム

뵙다：お目にかかる
ペ ㇷ゚ ダ

잘：よく、うまく、よろしく
チャル

부탁 [付託]：頼み、お願い
プ タㇰ

드리다：差し上げる
トゥ リ ダ

⇨ 「**안녕 하십니까?**」、「**안녕 하세요?**」は時間に関係なく、朝、
　　アンニョン ハ シ ム ニッ カ　　　アンニョン ハ セ ヨ
昼、晩いつでも使える出会いのあいさつです。別れのあいさ
つは日本と違って、話し手の立場によって言い方が異なりま
す。つまり送る側は「**안녕히 가십시오**」(**가세요**)(お元気に
　　　　　　　　　　　アンニョン ヒ　カ シㇷ゚ シ オ　　カ セ ヨ
行きなさい)と言い、去る側は「**안녕히 계십시오**」(**계세요**)(お
　　　　　　　　　　　　　　　アンニョン ヒ　ケ シㇷ゚ シ オ　　ケ セ ヨ
元気でいてください)と言います。

パターン② お礼 [사례]
サレ

1. どうもありがとうございます。 　　참 고맙습니다.
   チャム コ マプスムニダ

2. 感謝します。 　　감사합니다.
   カムサハムニダ

3. 本当にありがとうございます。 　　정 말로 고맙습니다.
   チョンマルロ コマプスムニダ

4. どういたしまして 　　천 만에요.
   チョンマネヨ
   　　천 만의 말씀입니다.
   チョンマネ マルスムイムニダ

5. いろいろご迷惑をおかけしました。 　　여러모로 폐를 끼쳤습니다.
   ヨロモロ ペルル キッチョッスムニダ

6. これはほんのお礼です。 　　이것은 약간의 사례입니다.
   イゴスン ヤッカネ サレイムニダ

7. ほんとうによかったですよ。 　　정 말로 좋았어요.
   チョンマルロ チョアッソヨ

8. ほんとうにご苦労さまです。 　　정 말로 수고하십니다.
   チョンマルロ スゴハシムニダ

9. おそれいりますが… 　　죄송합니다만….
   チェソンハムニダマン

10. ご恩は忘れません。 　　은혜는 잊지 않겠습니다.
    ウネヌン イッチ アンケッスムニダ

150

第3章

ワンポイント

참 :(相手の注意を喚起する語)ほんとう
チャム

고맙다：ありがたい、ありがとう。
コマプタ

감사 [感謝]：感謝
カムサ

정말로：ほんとうに、まことに、まさに
チョンマルロ

여러모로：多方面に、多角的に
ヨロモロ

폐 [弊]：人に迷惑をかけること
ペ

약간 [若干]：若干、わずか、多少、ちょっと
ヤッカン

사례 [謝礼]：謝礼、お礼
サレ

수고 [手苦]：苦労
スゴ

죄송 [罪悚]：おそれ多いこと、恐縮
チェソン

은혜 [恩恵]：恩恵、ご恩、恩
ウネ

잊다：忘れる
イッタ

⇒「**고맙습니다**」も「**감사합니다**」もともに感謝の意味です。「**감사합니다**」は漢字言葉で、「**고맙습니다**」は固有の表現です。動詞の否定形を作るには、語尾「**지**」と補助動詞「**않습니다**」を用います。「**가지 않습니다**」(行きません)、「**마시지 않습니다**」(飲みません)

パターン ③ おわび [사죄]

1. 失礼しました。   실례했습니다.
2. すみません。   미안합니다.
3. おそれいります。   죄송합니다.
4. ほんとうに申し訳ありません。   정 말로 미안합니다.
5. これは私の責任です。   이것은 제 책임입니다.
6. 心からおわびします。   마음속으로부터 사과드립니다.
7. 後悔しております。   후회하고 있습니다.
8. 私が悪かったです。   제가 나빴습니다.
9. どうかお許しください。   제발 용서해 주세요.
10. お気にさわったら、ごめんなさい。   마음에 거슬렸으면, 미안합니다.

ワンポイント

실례：失礼
 シルレ

미안 [未安]：心が安らかでないこと
 ミアン

사죄 [謝罪]：謝罪、おわび、謝ること
 サジェ

마음：心、精神、気持ち、感じ、思い
 マウム

진심：真心
 チンシム

후회 [後悔]：後悔、悔い、悔やみ
 フフェ

나빴습니다→나쁘다：悪い、よくない
 ナッパッスムニダ　ナップダ

제발：何とぞ、どうぞ、どうか
 チェバル

용서 [容赦]：許し、容赦、勘弁
 ヨンソ

으면 = 면：…なら、…たら、…ば
 ウミョン　ミョン

⇒ 「する」を意味するハングルの動詞「**하다**」は、その用法が日本語の「する」とよく似ています。「**하다**」が漢字語の「**실례**」(失礼)や「**후회**」(後悔)などと結びついて動詞になったり、さらに「**안녕**」(安寧)などと結びついて形容詞になったりするのも日本語とよく似ています。

パターン ④ お願い [부탁]

1. ちょっとすみません。　　　　여보세요.
2. お願いしてもいいですか。　부탁해도 좋습니까?
3. おたずねしてもいい　　　　질문해도 좋습니까?
   ですか。
4. もう一度おっしゃって　　　다시 말씀해 주십시오.
   ください。
5. もう少しゆっくり　　　　　조금 더 천천히 말해 주세
   話してください。　　　　　요.
6. それを見せてもらえ　　　　그것을 보여 주시겠습니까?
   ますか。
7. 日本語でお願いします。　　일본어로 부탁합니다.
8. タバコを吸っても　　　　　담배를 피워도 됩니까?
   いいですか。
9. 一緒に行ってくれますか。　같이 가 주시겠어요?
10. 電話をかけてもらえますか。　전화를 걸어 주겠습니까?

ワンポイント

좋다 _{チョッタ} ：良い、いい、美しい、賢い

질문 [質問] _{チルムン} ：質問、問い

다시 _{タ シ} ：また、さらに、もう一度、再び

말씀하다 _{マルスマダ} ：おっしゃる、お話しする、申す

조금 _{チョグム} ：少し、わずか、少々

더 _ト ：より多く、もっと、さらに、いっそう

덜 _{トル} ：より少なく、より…でない

천천히 _{チョンチョニ} ：ゆるやかに、ゆっくりと

말하다 _{マラダ} ：言う、話す、語る、述べる

보이다 _{ポイダ} ：見える、見せる、示す

일본어 [日本語] _{イルボノ} ：日本語（**일본말** _{イルボンマル} でも可）

피우다 _{ピウダ} ：(火を)おこす、(タバコを)吸う

같이 _{カッチ} ：一緒に、ともに

걸다 _{コルダ} ：(物を)かける、(電話を)かける

パターン ⑤ 勧　誘 [권유]
クォ　ニュ

1. 食事でもしませんか。　　식사라도 하지 않겠습니까?
   シㇰサラド ハジ アンケッスㇺニッカ

2. コーヒーでも飲みませんか。　커피라도 안 마시겠습니까?
   コッピラド アンマシゲッスㇺニッカ

3. 1杯やりませんか。　　한 잔 하지 않겠습니까?
   ハンジャン ハジ アンケッスㇺニッカ

4. また会いましょう。　　다시 만납시다.
   タシ マンナプシダ

5. あそこへ行ってみませんか。　저기로 안 가겠습니까?
   チョギロ アン カゲッスㇺニッカ

6. 日本にもいらっしゃいませんか。　일본에도 오시지 않겠습니까?
   イㇽボネド オシジ アンケッスㇺニッ カ

7. この店に入りましょう。　이 가게에 들어갑시다.
   イ カゲエ トゥロガプシダ

8. ちょっと休憩しましょう。　잠 깐 쉽시다.
   チャㇺカン シプシダ

9. タクシーに乗りましょう。　택시를 탑시다.
   テㇰシルㇽ タプシダ

10. そろそろ帰りましょう。　슬슬 돌아갑시다.
    スㇽスㇽ トラガプシダ

ワンポイント

식사 [食事]：食事、ご飯、飯
シクサ

라도：…でも、…だって
ラド

마시다：(水・薬などを)飲む
マシダ

잔：〜杯(助数詞。数詞は固有語で)
ジャン

안, 〜지 않〜：この2つは否定形となります。
アン　　ジ　アン

또：また
ト

만나다：会う、出会う、顔をあわせる
マンナダ

가게：店、店舗、商店
カゲ

들어가다：(中に)入る、入っていく
トゥロガダ

잠깐：しばらく、つかの間、ちょっと
チャムカン

쉬다：休む
シダ

타다：(乗り物などに)乗る、乗り込む
タダ

슬슬：ゆっくり、そろそろ、ボツボツ、のろのろ
スルスル

돌아가다：帰る、帰って行く、戻る
トラガダ

돌아오다：帰って来る
トラオダ

パターン ⑥ 招 待 [초대]
チョデ

1. 金曜日にパーティーを開く予定です。
   금요일에 파티를 열 예정입니다.

2. パーティーにいらっしゃいませんか。
   파티에 오시지 않겠습니까?

3. ぜひ来てください。
   꼭 와 주세요.

4. 今日は1杯おごります。
   오늘은 한 잔 (한턱) 사겠습니다.

5. 晩ご飯をごちそうしましょう。
   저녁을 대접하겠습니다.

6. コーヒーぐらいならおごります。
   커피 정도라면 사겠습니다.

7. 金さんのお宅へ一緒に行きましょう。
   김씨 댁으로 같이 갑시다.

8. 明晩は私がご招待します。
   내일 밤은 제가 초대하겠습니다.

ワンポイント

열다：開く、あける、催す
ヨル ダ

예정 [予定]：予定、つもり
イェジョン

꼭：しっかり、きっと、必ず、ぜひ、きっちり
コク

한턱내다：おごる
ハントン ネ ダ

저녁밥：夕飯、夕食
チョニョクパプ

대접：もてなし、ごちそう、接待
テ ジョプ

정도 [程度]：程度、くらい、ほど
チョン ド

라면 = 이라면：…であったら、…なら
ラ ミョン　　イ ラ ミョン

댁 [宅]：お宅、あなた
テク

밤：夜、晩
パム

초대 [招待]：招待
チョ デ

⇒ 「…する予定です」とハングルで言う時は、未来の連体形と「**예정입니다**」を使います。未来の連体形というのは動詞の語幹にㄹをつけたものです。「**가다**」(行く)→「**갈 예정입니다**」(行く予定です)。また、意思の未来形である「**〜겠습니다**」を使ってもいいでしょう。

パターン ⑦ 時　間 [시간]
シ　ガン

1. 今、何時ですか。　　　　지금 몇 시입니까?
　　　　　　　　　　　　　　チグム ミョッシ イムニッカ

2. 5時20分です。　　　　　다섯시 이십분입니다.
　　　　　　　　　　　　　　タソッシ イシブプニムニダ

3. 6時半です。　　　　　　여섯시 반입니다.
　　　　　　　　　　　　　　ヨソッシ パニムニダ

4. 7時5分前です。　　　　일곱시 오분전입니다.
　　　　　　　　　　　　　　イルゴプシ オブンジョニムニダ

5. 何時頃にいらっしゃ　　　몇 시쯤에 오십니까?
　　いますか?　　　　　　　ミョッシチュメ オシムニッカ

6. ちょうど8時に到着　　　꼭 여덟시에 도착 합니다.
　　します。　　　　　　　　コク ヨドルシエ トッチャクカムニダ

7. そこまで何分ぐらい　　　거기까지 몇 분 정도 걸립
　　かかりますか。　　　　　コギッカジ ミョップン チョンド コルリム
　　　　　　　　　　　　　　니까?
　　　　　　　　　　　　　　ニッカ

8. ここから約30分ほど　　　여기에서 약 삼십분 쯤 (정
　　かかります。　　　　　　ヨギエソ ヤク サムシプブン チュム チョン
　　　　　　　　　　　　　　도) 걸립니다.
　　　　　　　　　　　　　　ド　コルリムニダ

9. 仕事は9時から始ま　　　일은 아홉시부터 시작 합니
　　ります。　　　　　　　　イルン アホプシブット シジャクカムニ
　　　　　　　　　　　　　　다.
　　　　　　　　　　　　　　ダ

ワンポイント

지금 [只今]：ただ今、今
チグム

몇：不定の数量を表す語、どれくらいの、いくらの、
ミョッ
　　何

반 [半]：半、半分、中ほど
パン

전 [前]：前・以前の意、前、元
チョン

쯤：…ほど、…ぐらい、…頃、…前後
チュム

도착 [到着]：到着
トッチャク

까지：…まで(空間的・時間的な意味でも)
カジ

걸리다：(時間・鍵・費用・電話が)かかる
コルリダ

에서：…から(空間的な意味で)、(場所の)で
エソ

부터：…から(主に時間的な意味で)
ブット

일：仕事、用事、事柄、事件、(数字の)1
イル

그리고：そして、それから
クリゴ

끝난다：終わる、終了する
クンナンダ

パターン ⑧ 場所 [장소] チャンソ

1. ここはどこですか。　　여기는 어딥니까?
   ヨギヌン オディムニッカ

2. この場所を知っていますか。　　이 장소를 알고 있습니까?
   イ チャンソルル アルゴ イッスムニッカ

3. 前に来たことがあります。　　전에 온 적이 있습니까?
   チョネ オン ジョギ イッスムニッカ

4. ここには初めて来ました。　　여기에는 처음으로 왔습니다.
   ヨギエヌン チョウムロ ワッスムニダ

5. ここから遠いでしょうか。　　여기에서 멉니까?
   ヨギエソ モムニッカ

6. 近いですか。　　가깝습니까?
   カッカプスムニッカ

7. その場所で待っています。　　그 장소에서 기다리겠습니다.
   ク チャンソエソ キダリゲッスムニダ

8. 喫茶店で待ち合わせましょう。　　다방(커피숍)에서 만나기로 합시다.
   タバン コピーショプ エソ マンナギ ロ ハプシダ

9. どこだかよくわかりません。　　어딘지 잘 모릅니다.
   オディンジ チャル モルムニダ

10. どこへ行きましょうか。　　어디로 가겠습니까?
    オディロ カゲッスムニッカ

ワンポイント

어디：どこ、どちら
オディ

장소 [場所]：場所、ところ
チャンソ

전 [前]：前、以前
チョン

적：こと、とき
チョク

멉니까→멀다：遠い
モムニッカ　モルダ

바로：正しく、正確に、すぐに、すぐ
パロ

가깝다：近い
カッカプダ

기다리다：待つ
キダリダ

다방：喫茶店。漢字では茶房と書く。**다방**と言わず、**커피 숍**(コーヒーショップ)でもOK。
タバン　　　　　　　　　　　　　　　　　　　　　　　　　　　コッピーショプ

모르다：知らない、わからない、記憶にない
モルダ

⇒「…しています」とハングルで言いたい時には、ふつう「**고 있습니다**」を用います。「**알다→알고 있습니다**」(知っています)、
コイッスムニダ　　　　　　　アルダ　アルゴ　イッスムニダ
「**기다리다→기다리고 있습니다**」(待っています)。これまで何度
キダリダ　　キダリゴ　イッスムニダ
も出てきた「**- 겠습니다**」という形は、話し手の意思、相手の
ケッスムニダ
意向、推量などを表す未来形の1つです。

　　커피はコーヒ、**카피**はコピー、**코피**は鼻血の意味です。
　　コピ　　　　　　　カピ　　　　　　コピ

パターン⑨ 道案内 [길안내]

1. デパートはどこですか。 백화점은 어딥니까?
2. 店を探しているんですが。 가게를 찾고 있는데요.
3. 路に迷ってしまったんですが。 길을 잃었는데요.
4. ここから見えますか。 여기에서 보입니까?
5. どう行けばいいですか。 어떻게 가면 좋습니까?
6. すぐそこです。 곧 거기입니다.
7. 歩いて五分ぐらいです。 걸어서 오분 정도입니다.
8. ちょっと道をお尋ねします。 길을 좀 묻겠습니다.
9. 2つ目の曲り角を右へ曲がります。 둘째 모퉁이를 오른쪽으로 돕니다.
10. 信号を左の方に曲ったところです。 신호등을 왼쪽으로 돈 곳입니다.

ワンポイント

백화점 [百貨店]: 百貨店、デパート
ペックァジョム

가게：店、商店、店舗
カゲ

찾다：探す、尋ねる(訪ずれる)、見つける、求める
チャッタ

길：道、道路、道理、方法
キル

잃다：失う、(道に)迷う
イルタ

어떻게：どんなに、どういうふうに、どう
オットッケ

곧：すぐ、ただちに、まもなく
コッ

걸어서→걷다：歩く
コロソ　コッタ

째：固有語の数詞について順序を表す
チェ

오른쪽：右側、右の方
オルンチョク

왼쪽：左側、左の方
ウェンチョク

맞은편：向かい側
マジュンピョン

건너편：渡った側
コンノピョン

돕니다, 돈→돌다：回る、迂回する、曲がる
トムニダ　トン　トルダ

곳：ところ、場所
コッ

묻다：問う、聞く、尋ねる、質問する
ムッタ

パターン⑩ ほめことば [찬양]
チャニャン

1. あなたはとてもすてきです。　　당신은 매우 멋집니다.
   タンシヌン メウ モッチムニダ

2. あなたはとてもいい方です。　　당신은 아주 좋은 분입니다.
   タンシヌン アジュ チョウン ブニムニダ

3. すてきなお部屋です。　　멋진 방입니다.
   モッチン パンイムニダ

4. 絶妙なショットです。　　절묘한 쇼트입니다.
   チョルミョハン ショットゥイムニダ

5. すごいおうちですね。　　굉장한 집이지요.
   クェンジャンハン チビジョ

6. あなたはきれいな目をしています。　　당신은 정말 눈이 예쁘군요.
   タンシヌン チョンマル ヌニ イェブグニョ

7. 偉大な文化遺産です。　　위대한 문화 유산입니다.
   ウィデハン ムヌァ ユサニムニダ

8. とても楽しかったです。　　매우 즐거웠습니다.
   メウ チュルゴウォッスムニダ

9. とてもおいしい料理です。　　아주 맛이 있는 요리입니다.
   アジュ マシインヌン ヨリイムニダ

10. いい趣味をお持ちです。　　좋은 취미를 가지고 계십니다.
    チョウン チュイミルル カジゴ ケシムニダ

ワンポイント

매우（メウ）：たいへん、とても、非常に

멋지다（モッチダ）：すばらしい、素敵だ、見事だ

아주（アジュ）：とても、たいへん、非常に

분（プン）：他人を指して言う尊敬語、方、お方

방（パン）［房］：部屋

절묘（チョルミョ）［絶妙］：絶妙

훌륭하다（フルリュンハダ）：立派だ、優れている、すばらしい

자택（チャテク）［自宅］：自宅、屋敷

예쁜→예쁘다（イェプ　イェプダ）：きれいだ、美しい

즐거웠습니다→즐겁다（チュルゴウォッスムニダ　チュルゴプタ）：楽しい、愉快だ

맛（マッ）：味、面白み、うまみ

매우(아주)（メウ　アジュ）：とても、大変

취미（チュィミ）［趣味］：趣味、趣、好み

가지다（カジダ）：持つ、手に取る、所有する

⇨「매우, 아주, 몹시, 대단히」（メウ　アジュ　モッシ　テダニ）（とても）はほぼ同じ意味に使われます。

※ハングルの音楽性

　皆さんはこの本や、あるいはその他のハングルに関する本を読んで気づいたかと思いますが、ハングルの豊富な母音、子音、そしてリエゾンなど、ハングルの満ち溢れるようなリズムと音楽性を身をもって知ったことでしょう。

　日本語との比較で言えば、ハングルは日本語のように平盤で単調ではなく、リズミカルで、さながら単語が滑らかにつながっている語感があります。これは、日本語よりも中国語やフランス語のリズムに似ているかもしれません。

　これはともすれば「難しさ」として感じられるかもしれませんが、音楽性があるということはまた、口にして会話しやすくするという利点にもつながります。たとえば「〜세요」だけを使って、「가세요」(行きなさい)、「드세요」(食べなさい)、「보세요」(見なさい)、「공부하세요」(勉強しなさい)など、初心者でもリズミカルな口調でしゃべることができます。「알아요」(わかったよ)、「닫아요」(閉めなよ)、「많이 먹어요」(たくさん食べなよ)などもそうです。

　まずは恐れずに、日常的によく使われる単語と文章を、できるだけたくさん覚えるようにしましょう。

第4章

ハングルと漢字 基本単語

漢字とハングルの関係

　ハングルは一般に表音文字として知られていますが、しかしそれは日本の仮名文字とは少し事情を異にします。漢字の音を意識しつつ、それを取り入れて作られたことは知る人ぞ知る事実です。
　世宗大王によってハングルが1443年に創製されたときには、すでに漢字言葉が大量に朝鮮半島に入ってきていました。この状況を無視するわけにはいきません。漢字言葉は朝鮮語の中にすっかり根づいていました。それゆえ、ハングルの創製過程において、漢字の音をいかにしてハングルの音に含ませて充足させるかに、多大の努力と研鑽が注がれました。
　そのことは、漢字1字に対してハングル1字で表記するところによく表れています。それでは具体的な例を見てみましょう。

無理（むり）	무리 [ムリ]	幾何（きか）	기하 [キハ]
学校（がっこう）	학교 [ハクキョ]	人間（にんげん）	인간 [インガン]
地名（ちめい）	지명 [チミョン]	発達（はったつ）	발달 [パルタル]
日本（にっぽん）	일본 [イルボン]	韓国（かんこく）	한국 [ハングク]
感想（かんそう）	감상 [カムサン]	方法（ほうほう）	방법 [パンボプ]

　上の例からもわかるように、漢字1字に対して仮名1字は、ハングルではほとんどパッチムなしで書けます。無理や幾何(ともにハングルでは**무리, 기하**)の他、乳(유)、妙(묘)などもパッチムなしです。それらは次頁の漢字とハングルの対応表で確認するようにしましょう。
　さらに、漢字に対応するパッチムのつけ方が問題です。しかし、次頁の例にあるように、漢字に使われるパッチムは6つだけです。パッチムは全部で27でしたが、漢字には次の6つだけが使われます。

　　　ㄱ　ㄴ　ㄹ　ㅁ　ㅂ　ㅇ

第4章

「ㄱㄴㄹㅁㅂㅇ」パッチムと漢字

ㄱ 学(がく)のように、「く」で終わる漢字にㄱパッチムが用いられます。学校(がっこう)に見られるように「く」は促音の「っ」になっていることがよくあります。

角 **각**[カク]、 悪 **악**[アク]、 白 **백**[ペク]、 卓 **탁**[タク]

ㄴ 人間(にん)や間(かん)のように、「ん」で終る漢字にㄴパッチムが用いられます。

運 **운**[ウン]、 安 **안**[アン]、 印 **인**[イン]、 園 **원**[ウォン]

ㄹ 発(はつ)や達(たつ)のように、「つ」で終る漢字にㄹパッチムがよく用いられます。

熱 **열**[ヨル]、 月 **월**[ウォル]、 密 **밀**[ミル]、 乙 **을**[ウル]

ㅁ ㄴパッチムと同じく、「ん」で終る漢字にㅁパッチムが用いられます。ㄴにするかㅁにするかの判別は覚えるしかありません。

飲 **음**[ウム]、 暗 **암**[アム]、 任 **임**[イム]、 森 **삼**[サム]

ㅂ 旧仮名使いで合(がふ)や甲(かふ)のように、「ふ」で終る漢字にㅂパッチムがよく用いられます。

甲 **갑**[カプ]、 急 **급**[クプ]、 執 **집**[チプ]、 合 **합**[ハプ]

ㅇ 日本人はㅇ[ŋ]パッチムとㄴ[n]パッチムの音の区別がなかなか困難なようです。したがって、ㄴパッチムにするかㅇパッチムにするか迷う場合がよくあります。ひとつ言えるのは、ㅇパッチムになる漢字は絶対に「ん」音で終らないということです。ㅇパッチムを用いる場合は「う」で終ることが多いようです。

行 **행**[ヘン]、 鐘 **종**[チョン]、 想 **상**[サン]、 公 **공**[コン]

熟語で語頭のㄹ音は、ㄴ音かㅇ音になる

라, 래, 로, 루, 뢰が語頭になると、それぞれ나, 내, 노, 누, 뇌とつづって読みます。

羅紗　**라사→나사**［ナサ］、　　来日　**래일→내일**［ネイル］
楼閣　**루각→누각**［ヌガク］、　　雷雨　**뢰우→뇌우**［ノェウ］

리, 랴, 려, 료, 류が語頭になると、それぞれ이, 야, 여, 요, 유とつづって読みます。

理解　**리해→이해**［イヘ］、　　歴史　**력사→역사**［ヨクサ］
流行　**류행→유행**［ユヘン］、　旅行　**려행→여행**［ヨヘン］

なお語頭でない場合は、本来の通り**리, 랴, 려, 료, 류**とつづって読みます(しかし、つづりはㄹでもㄴ音で読まれる場合もあります)。

修了　**수료**［スリョ］、　　　　経歴　**경력→[경녁]**［キョンニョク］

熟語で語頭にㄴ音が来ている場合、ㅇ音になるものもある

니, 녀, 뇨, 뉴が語頭になると、それぞれ이, 여, 요, 유とつづって読みます。

女子　**녀자→여자**［ヨジャ］、　　尿道　**뇨도→요도**［ヨド］

なお語頭でない場合は、本来の通り**니, 녀, 뇨, 뉴**とつづって読みます。

男女　**남녀**［ナムニョ］、　　　　比丘尼　**비구니**［ピグニ］

接尾語によって熟語となるもののうち、いくつかに限ってその接尾語が濃音で発音される場合がある。なおつづりは平音のままである。

～課、～科（**과→꽈**）
会計課　**회계과**[**회계꽈**][ヘゲックァ]
外科　**외과**[**외꽈**][ウェックァ]

～価（**가→까**）
原価　**원가**[**원까**][ウォンカ]
代価　**대가**[**대까**][テッカ]

～的（**적→쩍**）
外的　**외적**[**외쩍**][ウェッチョク]
人的　**인적**[**인쩍**][インチョク]
（なお、学問的　**학문적**、民主的　**민주적**など三字になると**적**のままの場合が多いようです）

～券、権（**권→꿘**）
旅券　**여권**[**여꿘**][ヨックォン]
人権　**인권**[**인꿘**][インクォン]
（なお、本・書籍を数えて示す巻[**권**]は、[**꿘**]とはなりません）

1巻　**일권**[イルグォン]、　　上巻　**상권**[サングォン]

～法　（**법→뻡**）
憲法　**헌법**[**헌뻡**][ホンポプ]
文法　**문법**[**문뻡**][ムンポプ]
（なお、方法は**방법**[パンボプ]と発音し、[**뻡**]にはなりません）

173

~点 (점→쩜)
起点　기점[기쩜][キッチョㇺ]
満点　만점[만쩜][マンチョㇺ]

~件 (건→껀)
案件　안건[안껀][アンコン]
条件　조건[조껀][チョッコン]

~格 (격→껵)
性格　성격[성껵][ソンキョㇰ]
本格　본격[본껵][ポンキョㇰ]

その他
人気　인기[인끼][インキ]
発達　발달[발딸][パルタル]
発展　발전[발쩐][パルチョン]
散歩　산보[산뽀][サンポ]
成果　성과[성꽈][ソンクァ]
熱気　열기[열끼][ヨルキ]

「不」の発音について

不は一般的に「불」と読むが、次音に「ㄷ」「ㅈ」があるときは「부」と読む。

例：不完全 → 불완전、　不義 → 불의
　　不参加 → 불참가、　不備 → 불비
　　不動産 → 부동산、　不等 → 부등
例外：不実 → 부실

いくつかの漢字は2つの読み方がある

悪 → 악, 오　　復 → 복, 부　　北 → 북, 배
深 → 침, 심　　金 → 금, 김　　亀 → 구, 귀, 균
耆 → 기, 지　　祭 → 제, 채　　降 → 강, 항
車 → 차, 거　　殺 → 살, 쇄　　説 → 설, 세
更 → 경, 갱　　見 → 견, 현　　茶 → 다, 차
易 → 역, 이　　行 → 행, 항　　省 → 생, 성

ハングルでよく使う主な漢字熟語

　日本語で熟語に「〜する」「〜だ」をつけると動詞・形容動詞になるものがありますが、これはハングルもほとんど似ています。「〜する」「〜だ」に相当するハングルは「〜하다」です。以下、○(動詞になる熟語)と△(形容詞になる熟語)で印をつけておきます。なお、○と△はハングルの使い方(韓国語)を基準にしています。

⇨○「暗記する」→「**암기하다**」／⇨△「可能だ」→「**가능하다**」

【あ】
　愛情　애정
○愛国　애국
○愛着　애착
　赤字　적자
○握手　악수
　悪魔　악마
○圧倒　압도
△安易　안이
○安心　안심
△安全　안전
○安定　안정
　安否　안부
△安楽　안락
○暗記　암기
○暗殺　암살
○暗算　암산
○暗示　암시
○安住　안주

○案内　안내
○按摩　안마

【い】
　委員　위원
○委託　위탁
　医院　의원
　医学　의학
　医者　의사
○家出　가출
　意外　의외
　意志　의지
　意見　의견
　意向　의향
○意味　의미
○意識　의식
○意図　의도
　意欲　의욕
　異議　이의

　以後　이후
　以上　이상
　以前　이전
　以内　이내
○維持　유지
○位置　위치
○移住　이주
△異常　이상
　異性　이성
　遺跡　유적
　遺憾　유감
○遺伝　유전
○移動　이동
○一周　일주
△偉大　위대
　一員　일원
　一回　일회
○一任　일임
　一面　일면

	一流	일류	宇宙	우주	△ 円満	원만
	一家	일가	内訳	내역	○ 延長	연장
	一行	일행	○ 埋立	매립	○ 演技	연기
	一瞬	일순	○ 運送	운송	○ 演出	연출
	一生	일생	運賃	운임	演劇	연극(名)
	一心	일심	○ 運転	운전	○ 演説	연설
	一斉	일제	○ 運動	운동	○ 演奏	연주
	一般	일반	運命	운명	演壇	연단
	一方	일방	○ 運行	운행		
○	違反	위반			【お】	
	違法	위법	【え】		○ 応援	응원
○	引率	인솔	永遠	영원	○ 応急	응급
○	引退	인퇴	映画	영화	○ 応接	응접
	引力	인력	影響	영향	○ 応募	응모
	衣服	의복	○ 営業	영업	○ 応用	응용
	衣食	의식	英国	영국	王国	왕국
○	依存	의존	英語	영어	王妃	왕비
○	依頼	의뢰	英雄	영웅	王子	왕자
	威力	위력	衛星	위성	王女	왕녀
○	印刷	인쇄	衛生	위생	黄金	황금
	印象	인상	栄養	영양	○ 横断	횡단
	飲食	음식	宴会	연회	○ 往復	왕복
	飲料	음료	○ 延期	연기	欧米	구미
			○ 援助	원조	大型	대형
	【う】		鉛筆	연필	屋上	옥상

	音楽	음악	○	開始	개시		家族	가족
	音質	음질	○	開通	개통		家畜	가축
	恩恵	은혜	○	開店	개점		家庭	가정
	恩師	은사	○	開発	개발		学者	학자
	恩人	은인	○	開放	개방	○	学習	학습
	温室	온실	○	改革	개혁		学生	학생
	温泉	온천	○	改正	개정		学長	학장
	温度	온도	○	改善	개선		学年	학년
			○	改訂	개정		学費	학비
	【か】		○	改良	개량	○	解釈	해석
	会員	회원	○	改札	개찰	○	解答	해답
	会社	회사		海岸	해안	○	解放	해방
	会館	회관		海流	해류	○	回収	회수
○	会議	회의		海上	해상	○	回転	회전
○	会計	회계		海水	해수	○	回答	회답
○	会見	회견		海草	해초	○	回復	회복
○	会合	회합		海賊	해적	△	快適	쾌적
	会場	회장		外観	외관		概念	개념
○	会談	회담		外見	외견	○	概略	개략
	会長	회장		外国	외국		下院	하원
○	会話	회화		外人	외인		下級	하급
○	開演	개연	○	外出	외출		下等	하등
○	開会	개회		夏季	하계		下流	하류
○	開校	개교		家具	가구		価格	가격
○	開催	개최		家計	가계		科学	과학

○	外食	외식		火薬	화약	○	間食	간식
	階級	계급		菓子	과자		間接	간접
	階段	계단		課題	과제		感覚	감각
○	解決	해결		課目	과목	○	感激	감격
	科目	과목		片道	편도		感情	감정
	化学	화학		花壇	화단	○	感心	감심
	化石	화석		花粉	화분	○	感想	감상
○	学問	학문		価値	가치	○	感嘆	감탄
	学力	학력		学期	학기	○	感動	감동
	学歴	학력		画期	획기	○	喚起	환기
	学期	학기		活字	활자		観客	관객
	学校	학교		活気	활기	○	観察	관찰
△	確実	확실	○	活動	활동	○	観測	관측
○	確信	확신	○	活躍	활약		観点	관점
	角度	각도	○	活用	활용		観念	관념
○	獲得	획득		合唱	합창		環境	환경
○	革命	혁명	○	加工	가공	○	関係	관계
	歌劇	가극	○	加入	가입		関節	관절
	歌詞	가사	○	加盟	가맹	○	歓迎	환영
	歌手	가수	△	可能	가능	△	簡潔	간결
	歌謡	가요		仮面	가면	△	簡素	간소
△	過激	과격		貨物	화물	△	簡単	간단
	過去	과거		画廊	화랑	○	完結	완결
	過程	과정		眼科	안과	○	完成	완성
	火山	화산		間隔	간격	△	完全	완전

○ 看護	간호	気力	기력	○ 期待	기대
看板	간판	議案	의안	起源	기원
漢字	한자	議員	의원	○ 起床	기상
慣習	관습	議会	의회	紀元	기원
○ 鑑賞	감상	議長	의장	記号	기호
○ 干渉	간섭	○ 議論	의론(논)	記事	기사
歓声	환성	幾何	기하	記者	기자
幹線	간선	機械	기계	○ 記入	기입
△○ 乾燥	건조	機会	기회	○ 記念	기념
肝臓	간장	機関	기관	○ 記録	기록
△ 寛大	관대	機知	기지	技巧	기교
官庁	관청	機能	기능	技師	기사
○ 監督	감독	規格	규격	技士	기사
		規模	규모	技術	기술
【き】		器官	기관	儀式	의식
気圧	기압	季刊	계간	汽車	기차
気温	기온	危機	위기	汽笛	기적
気化	기화	△ 危急	위급	基準	기준
気管	기관	△ 危険	위험	基礎	기초
気球	기구	企業	기업	基地	기지
気候	기후	戯曲	희곡	基本	기본
○ 気絶	기절	基金	기금	○ 帰省	귀성
気品	기품	喜劇	희극	○ 犠牲	희생
気分	기분	期限	기한	奇跡	기적
気流	기류	期日	기일	季節	계절

僞善	위선	○ 休養	휴양	○ 供給	공급
○ 寄贈	기증	○ 急行	급행	○ 競争	경쟁
○ 寄付	기부	旧式	구식	郷土	향토
規則	규칙	○ 吸収	흡수	○ 脅迫	협박
規律	규율	○ 求人	구인	興味	흥미
貴族	귀족	牛乳	우유	○ 行列	행열
△ 貴重	귀중	○ 教育	교육	○ 許可	허가
軌道	궤도	教員	교원	漁業	어업
○ 希望	희망	教会	교회	漁船	어선
義務	의무	教訓	교훈	漁夫	어부
○ 僞名	위명	教室	교실	曲芸	곡예
疑問	의문	教授	교수	曲線	곡선
○ 脚色	각색	教養	교양	△ 極端	극단
脚本	각본	○ 強化	강화	極東	극동
○ 虐待	학대	△ 強硬	강경	局面	국면
客観	객관	○ 強制	강제	○ 挙行	거행
○ 救援	구원	○ 強調	강조	△ 虚弱	허약
救急	구급	協会	협회	○ 居住	거주
○ 救助	구조	○ 協定	협정	○ 拒絶	거절
○ 救命	구명	○ 協同	협동	距離	거리
休暇	휴가	○ 協力	협력	○ 起立	기립
○ 休学	휴학	○ 協調	협조	○ 禁煙	금연
○ 休業	휴업	共学	공학	○ 禁止	금지
休日	휴일	○ 共存	공존	金額	금액
○ 休息	휴식	共同	공동	金庫	금고

	金属	금속		軍隊	군대		芸術	예술
	緊急	긴급				○	継続	계속
○	緊張	긴장		【け】		○	携帯	휴대
	銀行	은행		敬意	경의		系統	계통
	近代	근대	○	敬遠	경원		景品	계품
△	勤勉	근면	○	敬礼	경례	○	契約	계약
○	勤務	근무		経営	경영		外科	외과
○	勤労	근로	○	経験	경험	○	激励	격려
				経済	경제	○	下車	하차
	【く】			経費	경비	○	下宿	하숙
	区域	구역	○	経由	경유		下旬	하순
○	区分	구분		経歴	경력		下水	하수
○	区別	구별	○	計画	계획	○	化粧	화장
	空間	공간		警察	경찰		血圧	혈압
	空気	공기	○	警告	경고		血液	혈액
	空軍	공군	○	警備	경비		血管	혈관
	空港	공항		警報	경보		血統	혈통
	空中	공중		景気	경기		結果	결과
	偶然	우연		傾向	경향		結核	결핵
○	駆除	구제		傾斜	경사		結局	결국
	具体	구체	○	掲載	게재	○	結合	결합
	黒字	흑자	○	計算	계산	○	結婚	결혼
	群集	군집		計略	계략		結末	결말
	勲章	훈장	○	軽視	경시		結論	결론
	軍人	군인	○	形容	형용		欠陥	결함

○	欠席	결석	○	検閲	검열	○	献身	헌신
	欠点	결점	○	検査	검사	○	建設	건설
	月刊	월간	○	検討	검토		限度	한도
○	決議	결의		見解	견해		限界	한계
○	決行	결행	○	見学	견학		顕微	현미
○	決勝	결승	△	厳格	엄격		憲法	헌법
○	決心	결심	△	厳重	엄중	△	賢明	현명
○	決断	결단	△	厳粛	엄숙	○	検定	검정
○	決定	결정	△	厳密	엄밀	○	倹約	검약
○	決闘	결투		玄関	현관		権利	권리
	傑作	걸작	○	研究	연구		権力	권력
	月食	월식		言語	언어	○	兼任	겸임
△	潔白	결백	△	健康	건강		言論	언론
△	潔癖	결벽	△	健全	건전			
○	欠乏	결핍		現在	현재	【ㅇ】		
	原因	원인		現象	현상		語録	어록
	原価	원가		現状	현상		行為	행위
	原稿	원고	○	現存	현존	○	行進	행진
	原作	원작		現地	현지		好意	호의
	原産	원산		現場	현장		好奇	호기
	原則	원칙	○	建国	건국		好調	호조
	原理	원리	○	建築	건축	○	好転	호전
	原料	원료		原始	원시		好評	호평
	現役	현역		原子	원자	○	合意	합의
	現実	현실	○	減少	감소	○	合計	합계

第4章

	合理	합리	△	豪華	호화		構造	구조
○	合流	합류	○	交換	교환		厚生	후생
	工員	공원	○	交際	교제	○	合成	합성
	工場	공장	○	抗議	항의		光線	광선
	光沢	광택	△	高級	고급		校長	교장
	公園	공원		高原	고원	○	校正	교정
	公衆	공중		高層	고층		校内	교내
△	公然	공연		高速	고속		校門	교문
	公用	공용		高度	고도	○	肯定	긍정
	公害	공해	△	高等	고등		鋼鉄	강철
○	公表	공표	△	高慢	고만		口頭	구두
△	公平	공평		工業	공업	○	行動	행동
	公民	공민		工芸	공예	○	行楽	행락
○	公約	공약	○	工作	공작		強盗	강도
	公立	공립	○	工事	공사	○	購読	구독
○	後援	후원	○	攻撃	공격		後半	후반
○	講演	강연	○	貢献	공헌		鉱業	광업
	講座	강좌	○	広告	광고		鉱物	광물
	講師	강사	△	広大	광대	△	幸福	행복
○	講習	강습	○	交渉	교섭	○	降服	항복
	講堂	강당		交通	교통	○	興奮	흥분
○	講和	강화	○	交流	교류		候補	후보
	効果	효과	○	向上	향상	△	巧妙	교묘
	効用	효용		洪水	혼수		項目	항목
	効力	효력	○	構成	구성	○	拷問	고문

○ 考慮	고려		孤児	고아	
○ 護衛	호위	△	孤独	고독	
○ 誤解	오해		個人	개인	
	小型	소형		個性	개성
	故郷	고향	○	固定	고정
	国語	국어		固体	고체
	国際	국제		固有	고유
	国産	국산	○	誇張	과장
	国籍	국적		古典	고전
△ 国外	국외	○	鼓舞	고무	
△ 国内	국내		顧問	고문	
	国宝	국보		根性	근성
	国防	국방	○	根絶	근절
	国民	국민		根本	근본
	国立	국립		混声	혼성
	国連	국련	○	混線	혼선
	国家	국가	○	混同	혼동
	国会	국회	△	混乱	혼란
	国旗	국기		昆虫	곤충
	国境	국경	△	困難	곤란
○ 告白	고백	○	婚約	혼약	
○ 克服	극복				
	穀物	곡물	**【さ】**		
	午前	오전	○	再開	재개
	午後	오후	○	在学	재학

最近	최근	
最後	최후	
最高	최고	
最終	최종	
最初	최초	
最新	최신	
最善	최선	
最大	최대	
細菌	세균	
○ 採掘	채굴	
○ 採決	채결	
○ 採用	채용	
財産	재산	
財政	재정	
災難	재난	
才能	재능	
○ 栽培	재배	
○ 裁判	재판	
材料	재료	
○ 作業	작업	
作者	작가	
作品	작품	
○ 作文	작문	
作家	작가	
座席	좌석	

第4章

○	錯覚	착각		山脈	산맥	○ 自発 자발
○	殺菌	살균				自費 자비
	雑誌	잡지		【し】		自由 자유
	雑種	잡종	○	試合	시합	○ 志願 지원
	雑草	잡초	○	試験	시험	○ 志望 지망
○	雑談	잡담	○	試写	시사	時間 시간
	雑費	잡비		歯科	치과	時期 시기
○	差別	차별		司会	사회	時事 시사
○	参観	참관		市外	시외	時代 시대
	参考	참고		市場	시장	時報 시보
○	参照	참조		市民	시민	時刻 시각
○	参拝	참배		資格	자격	○ 指揮 지휘
	産業	산업		資金	자금	○ 指示 지시
	産地	산지		資源	자원	○ 指定 지정
	産物	산물		資産	자산	○ 指摘 지적
○	残業	잔업		資本	자본	○ 指導 지도
	惨事	참사	○	自覚	자각	○ 指名 지명
	算数	산수	○	自殺	자살	敷地 부지
○	賛成	찬성	○	自習	자습	○ 自給 자급
○	賛美	찬미	○	自主	자주	○ 自治 자치
	酸素	산소		自信	자신	自動 자동
○	散歩	산보		自身	자신	自由 자유
	散文	산문	○	自制	자제	○ 刺激 자극
	山岳	산악		自然	자연	事件 사건
	山中	산중		自尊	자존	事故 사고

	事情	사정	使者	사자	○ 質問	질문
	事実	사실	使節	사절	湿気	습기
	事態	사태	使命	사명	湿度	습도
	事務	사무	慈善	자선	漆器	칠기
	地獄	지옥	思想	사상	室内	실내
○	視聴	시청	○ 辞退	사퇴	私的	사적
	地震	지진	○ 省略	생략	私立	사립
	視覚	시각	辞典	사전	児童	아동
○	視察	시찰	○ 実演	실연	地主	지주
	視野	시야	○ 実験	실험	△ 始発	시발
○	支持	지지	○ 実現	실현	脂肪	지방
	支社	지사	○ 実行	실행	四方	사방
	支線	지선	○ 実施	실시	氏名	씨명
○	支配	지배	実地	실지	社員	사원
○	支払	지불	実物	실물	社会	사회
	死者	사자	実用	실용	社説	사설
○	死傷	사상	実力	실력	社長	사장
	死体	사체	実例	실예	弱点	약점
○	死亡	사망	○ 失格	실격	○ 釈放	석방
	詩集	시집	○ 失業	실업	○ 謝罪	사죄
	詩人	시인	○ 失言	실언	写真	사진
	辞書	사전	○ 失敗	실패	○ 写生	사생
	史跡	사적	○ 失望	실망	周囲	주위
	史実	사실	○ 失明	실명	周期	주기
	施設	시설	失礼	실례	○ 周知	주지

○ 収穫	수확	○ 収集	수집	○ 祝福	축복
○ 収容	수용	○ 就職	취직	○ 縮小	숙소
習慣	습관	○ 修正	수정	○ 宿題	숙제
住居	주거	○ 修繕	수선	○ 宿直	숙직
住所	주소	○ 修理	수리	○ 宿泊	숙박
住宅	주택	○ 修了	수료	宿命	숙명
住民	주민	週末	주말	趣旨	취지
宗教	종교	主観	주관	首相	수상
○ 集金	집금	主義	주의	首都	수도
○ 集合	집합	主権	주권	○ 処罰	처벌
集団	집단	主語	주어	○ 紹介	소개
○ 集中	집중	○ 主催	주최	○ 受信	수신
○ 重視	중시	主食	주식	○ 守護	수호
△ 重症	중증	主人	주인	趣向	취향
重心	중심	主体	주체	趣味	취미
△ 重態	중태	主題	주제	○ 手術	수술
重役	중역	○ 主張	주장	手段	수단
△ 重要	중요	主婦	주부	○ 出演	출연
重量	중량	○ 主演	주연	○ 出国	출국
○ 終業	종업	○ 授業	수업	○ 出生	출생
終点	종점	熟語	숙어	○ 出場	출장
○ 終了	종료	○ 熟達	숙달	出身	출신
秀才	수재	○ 祝辞	축사	○ 出席	출석
○ 従事	종사	祝典	축전	○ 出頭	출두
○ 充実	충실	祝電	축전	○ 出入	출입

○	出版	출판	○	勝利	승리	○	処理	처리

○ 出版	출판	○ 勝利	승리	○ 処理	처리
種類	종류	○ 成就	성취	○ 所属	소속
順位	순위	小説	소설	書店	서점
瞬間	순간	○ 常設	상설	自律	자율
○ 循環	순환	○ 商業	상업	○ 自立	자립
春季	춘계	商品	상품	資料	자료
○ 遵守	준수	消息	소식	試練	시련
順序	순서	○ 消毒	소독	○ 進化	진화
○ 準備	준비	○ 消費	소비	○ 進行	진행
△ 純粋	순수	○ 消防	소방	人格	인격
○ 消化	소화	○ 招待	초대	人権	인권
○ 消火	소화	○ 象徴	상징	人口	인구
障害	장애	○ 昇天	승천	人生	인생
奨学	장학	○ 衝突	충돌	○ 信仰	신앙
状況	상황	情報	정보	信号	신호
将軍	장군	初期	초기	信念	신념
将来	장래	職場	직장	○ 信用	신용
○ 証言	증언	職員	직원	○ 侵攻	침공
証拠	증거	職業	직업	○ 侵略	침략
○ 証明	증명	○ 食事	식사	浸水	침수
条件	조건	食料	식료	○ 浸透	침투
条約	조약	食品	식품	○ 侵入	침입
正午	정오	食堂	식당	新婚	신혼
△ 正直	정직	助手	조수	紳士	신사
常識	상식	処女	처녀	寝室	침실

	寝台	침대		水素	수소	○	製作	제작
	真珠	진주	○	遂行	수행		性格	성격
	人種	인종	○	推察	추찰	△	正確	정확
	人物	인물	○	推進	추진		正式	정식
	人民	인민	○	推薦	추천	○	正装	정장
	人類	인류	○	推理	추리		声楽	성악
	親戚	친척		垂直	수직	○	征服	정복
△	親切	친절	○	崇高	숭고	○	生活	생활
△	新鮮	신선	○	出納	출납	○	生存	생존
	新聞	신문		随筆	수필	○	誓願	서원
	心臓	심장		数学	수학	○	請願	청원
○	診断	진단		数字	수자	○	請求	청구
○	診療	진료	○	崇拝	숭배		政治	정치
△	神秘	신비	○	睡眠	수면		政策	정책
	真理	진리		図鑑	도감		性別	성별
	心理	심리		頭脳	두뇌		性質	성질
							性格	성격
	【す】			【せ】		△	静粛	정숙
○	水泳	수영	○	制圧	제압	△	正常	정상
	水源	수원	○	制限	제한		精神	정신
	水産	수산		制服	제복		税金	세금
	水質	수질		誠意	성의		税率	세율
	水準	수준	△	誠実	성실	○	成熟	성숙
	水深	수신		製菓	제과		成績	성적
	水道	수도	○	製造	제조	○	成功	성공

○	成長	성장	○	説得	설득	全集	전집
○	成立	성립	○	説教	설교	先進	선진
△	盛大	성대		摂理	섭리	先生	선생
	星座	성좌		絶対	절대	先祖	선조
	声優	성우	○	絶望	절망		
	西洋	서양	○	戦闘	전투	【そ】	
	西暦	서력	○	戦争	전쟁	○ 増加	증가
○	整理	정리		専門	전문	草案	초안
○	整列	정열	○	専攻	전공	○ 創案	창안
	生理	생리	○	選挙	선거	○ 創造	창조
	勢力	세력	○	選択	선택	○ 創始	창시
	石造	석조		選手	선수	○ 創業	창업
	石炭	석탄	○	選抜	선발	○ 創世	창세
	石油	석유	○	宣言	선언	○ 創刊	창간
	責任	책임	○	宣告	선고	○ 創立	창립
	世俗	세속	○	洗顔	세안	騒音	소음
	世界	세계	○	洗濯	세탁	騒動	소동
	世代	세대		前期	전기	△ 騒乱	소란
○	接近	접근	○	前進	전진	△ 爽快	상쾌
○	接待	접대		前半	전반	総会	총회
○	節制	절제		全部	전부	○ 総合	총합
○	節電	절전		全国	전국	総理	총리
○	節約	절약		全体	전체	総数	총수
○	設定	설정		全知	전지	総長	총장
○	設計	설계	△	全能	전능	△ 早急	조급

○ 送金	송금	○ 訴訟	소송	○ 退学	퇴학
○ 送別	송별	○ 卒業	졸업	○ 退職	퇴직
倉庫	창고	損害	손해	○ 待機	대기
相互	상호	○ 損失	손실	○ 待遇	대우
○ 捜査	수사	○ 尊敬	존경	○ 滞在	체재
○ 操作	조작	○ 存在	존재	大使	대사
○ 操縦	조종	○ 存続	존속	大衆	대중
○ 装飾	장식			大賞	대상
○ 想像	상상	【た】		大戦	대전
○ 相談	상담	体制	체제	大体	대체
○△ 相当	상당	体育	체육	△ 大胆	대담
○ 挿入	삽입	○ 体操	체조	大会	대회
○ 疎外	소외	体温	체온	態度	태도
即時	즉시	体系	체계	代理	대리
即席	즉석	体質	체질	○ 代表	대표
○ 即死	즉사	体力	체력	○ 逮捕	체포
属性	속성	体重	체중	題目	제목
速達	속달	対案	대안	○ 卓越	탁월
速度	속도	○ 対話	대화	卓球	탁구
側面	측면	○ 対決	대결	○ 打撃	타격
○ 測定	측정	対策	대책	○ 打倒	타도
祖国	조국	○ 対応	대응	○ 打破	타파
祖先	조선	対象	대상	○ 堕落	타락
○ 組織	조직	大学	대학	単位	단위
素質	소질	代価	대가	△ 単純	단순

単独	단독	地中	지중	中古	중고
単語	단어	地理	지리	○ 駐車	주차
○ 探求	탐구	知恵	지혜	抽象	추상
○ 探検	탐험	知識	지식	○ 超過	초과
○ 団結	단결	知性	지성	○ 懲戒	징계
団体	단체	○ 治療	치료	○ 調査	조사
男性	남성	○ 遅刻	지각	○ 調節	조절
男子	남자	秩序	질서	○ 調和	조화
男声	남성	○ 着陸	착륙	頂上	정상
男女	남녀	○ 着席	착석	○ 挑戦	도전
○ 断食	단식	△ 忠実	충실	朝鮮	조선
○ 誕生	탄생	○ 忠告	충고	○ 彫刻	조각
炭素	탄소	忠誠	충성	長男	장남
○ 担任	담임	○ 注射	주사	○ 重複	중복
短編	단편	○ 注意	주의	直前	직전
○ 暖房	난방	○ 注釈	주석	直後	직후
		○ 注文	주문	直接	직접
【ち】		中央	중앙	○ 直面	직면
地球	지구	中華	중화	著者	저자
地位	지위	中学	중학	○ 著作	저작
地域	지역	中国	중국	緒論	서론
地下	지하	中心	중심	○ 鎮圧	진압
地方	지방	中止	중지	○ 沈没	침몰
地名	지명	中途	중도	○ 沈黙	침묵
地上	지상	中毒	중독		

第4章

【つ】
- ○ 追憶　추억
- ○ 追加　추가
- ○ 追求　추구
- ○ 追跡　추적
- ○ 追突　추돌
- ○ 墜落　추락
- ○ 通過　통과
- ○ 通行　통행
- 　 通産　통산
- ○ 通信　통신
- ○ 通訳　통역
- 　 通路　통로
- ○ 通話　통화

【て】
- 　 定期　정기
- 　 定義　정의
- 　 定刻　정각
- ○ 締結　체결
- 　 帝国　제국
- 　 弟子　제자
- ○ 提示　제시
- ○ 提案　제안
- △ 貞淑　정숙

- ○ 訂正　정정
- ○ 停電　정전
- 　 敵意　적의
- 　 敵軍　적군
- ○ 適応　적응
- △ 適切　적절
- △ 適当　적당
- ○ 適用　적용
- ○ 摘発　적발
- ○ 撤回　철회
- 　 哲学　철학
- ○ 撤去　철거
- ○ 撤収　철수
- △ 徹底　철저
- ○ 徹夜　철야
- 　 鉄筋　철근
- 　 鉄道　철도
- 　 鉄板　철판
- 　 天下　천하
- 　 天空　천공
- 　 天才　천재
- 　 天地　천지
- 　 天然　천연
- 　 天皇　천황
- ○ 転嫁　전가

- ○ 転換　전환
- ○ 展開　전개
- ○ 展示　전시
- ○ 展望　전망
- 　 電気　전기
- 　 電源　전원
- ○ 電話　전화
- 　 電灯　전등
- ○ 点検　점검
- ○ 点呼　점호
- 　 点数　점수
- 　 伝記　전기
- ○ 伝承　전승
- 　 伝説　전설
- ○ 伝達　전달
- 　 伝統　전통
- ○ 伝道　전도

【と】
- 　 答案　답안
- ○ 統一　통일
- ○ 統治　통치
- 　 同一　동일
- 　 同志　동지
- 　 同時　동시

○	動員	동원		豆乳	두유		【な】
	動機	동기	○	逃亡	도망		内科	내과
○	動作	동작		同胞	동포	○	内在	내재
	動物	동물	○	同盟	동맹		内臓	내장
	道教	도교		都市	도시		内面	내면
	道具	도구		特技	특기		内容	내용
	道路	도로		特産	특산	△	難解	난해
	当局	당국		特性	특성		難関	난관
△	当然	당연	△	特殊	특수		南極	남극
	洞窟	동굴		特徴	특징		南北	남북
○	投獄	투옥	△	特別	특별			
○	投入	투입		特急	특급		【に】
○	投票	투표		特権	특권	○	忍耐	인내
○	投資	투자		読者	독자		肉体	육체
	東西	동서	○	読書	독서		荷物	하물
	当時	당시		独裁	독재		日没	일몰
○	登場	등장		独身	독신		日曜	일요
○	登録	등록	△	独特	독특		日用	일용
	童話	동화	○	独立	독립		日記	일기
○	闘争	투쟁		時計	시계		日韓	일한
○	到達	도달		図書	도서		日光	일광
○	到着	도착		土台	토대		日本	일본
	道徳	도덕		土地	토지	○	入金	입금
	盗難	도난		奴隷	노예	○	入国	입국
	豆腐	두부					入試	입시

○	入門	입문	○	納税	납세		博士	박사
△	柔和	유화	○	納付	납부	○	爆撃	폭격
	人気	인기		能力	능력		爆弾	폭탄
	人間	인간				○	爆発	폭발
	人称	인칭		【は】		○	拍手	박수
○	妊娠	임신	○	把握	파악	○	派遣	파견
○	認定	인정	○	廃棄	폐기		場所	장소
			○	配給	배급	○	発音	발음
	【ね】		○	配達	배달	○	発覚	발각
	熱気	열기	○	配置	배치	○	発刊	발간
○	熱狂	열광	○	配慮	배려	○	発揮	발휘
	熱心	열심		背後	배후	○	発給	발급
	熱帯	열대	○	背反	배반	○	発見	발견
○	熱中	열중	○	排除	배제	○	発行	발행
△	熱烈	열렬	○	排水	배수	○	発効	발효
	年賀	연하		媒体	매체	○	発射	발사
	年金	연금		売店	매점	○	発信	발신
	年始	연시	○	売買	매매	○	発生	발생
				倍率	배율	○	発送	발송
	【の】		○	破壊	파괴	○	発達	발달
	農業	농업	○	破局	파국	○	発展	발전
	農事	농사	○	破産	파산	○	発表	발표
	農村	농촌	○	破損	파손	○	発明	발명
	農地	농지	○	破門	파문		罰金	벌금
	農夫	농부	○	破滅	파멸		罰則	벌칙

○	繁栄	번영		美観	미관	○	比喩	비유
○	反映	반영		美術	미술		費用	비용
○	反逆	반역		美人	미인	△	微妙	미묘
○	反省	반성		秘訣	비결		病室	병실
○	反対	반대		秘書	비서	○	表現	표현
○	反応	반응	○	飛行	비행		表情	표정
○	反復	반복	○	微笑	미소		表面	표면
	反面	반면	○	筆記	필기		標準	표준
○	判決	판결		筆者	필자		標本	표본
○	判断	판단	○	必勝	필승	○	披露	피로
	番号	번호	△	必然	필연	△	疲労	피로
	犯罪	범죄	○	必読	필독		広場	광장
○	万歳	만세	△	必要	필요		品格	품격
○	伴奏	반주	○	否定	부정		品質	품질
	班長	반장	○	否認	부인		品性	품성
	半島	반도		批評	비평	△	敏感	민감
			○	非難	비난		貧血	빈혈
【ひ】			○	避難	피난	△	貧困	빈곤
	鼻炎	비염	○	避妊	피임			
	被害	피해	○	批判	비판	【ふ】		
	被告	피고		備品	비품		風圧	풍압
○	比較	비교		皮膚	피부		風雨	풍우
○	悲観	비관	△	肥満	비만		風格	풍격
	悲劇	비극		秘密	비밀		風景	풍경
△	悲惨	비참		悲鳴	비명		風船	풍선

	部下	부하	○ 武装	무장	分野	분야
	部署	부서	武力	무력		
	部数	부수	△ 無事	무사	【ヘ】	
	部族	부족	婦人	부인	陛下	폐하
	部隊	부대	舞台	무대	○ 平均	평균
	部長	부장	○ 負担	부담	△ 平凡	평범
	部品	부품	普通	보통	△ 平和	평화
	部分	부분	普遍	보편	△ 平行	평행
△	不快	불쾌	仏教	불교	○ 閉鎖	폐사
△	不義	불의	物件	물건	○ 閉店	폐점
△	不吉	불길	物質	물질	兵隊	병대
△	不幸	불행	物体	물체	壁画	벽화
	不信	불신	付録	부록	壁面	벽면
△	不正	부정	文化	문화	別館	별관
△	不足	부족	文学	문학	○ 別居	별거
△	不満	불만	文具	문구	○ 別納	별납
△	不明	불명	文献	문헌	別名	별명
○	復学	복학	文庫	문고	○ 蔑視	멸시
○	復活	부활	文書	문서	○ 変化	변화
△	複雑	복잡	文法	문법	○ 変換	변환
○	複写	복사	文明	문명	○ 変更	변경
	福祉	복지	○ 紛失	분실	○ 変身	변신
	武芸	무예	○ 紛争	분쟁	○ 変心	변심
	武士	무사	○ 分析	분석	○ 偏在	편재
	武術	무술	○ 分別	분별	○ 編集	편집

○	返品	반품		方策	방책	○	没落	몰락
○	弁明	변명	○	暴行	폭행		歩道	보도
	便所	변소	○	暴動	폭동		捕虜	포로
△	便利	편리		暴風	폭풍		本性	본성
○	弁護	변호		暴力	폭력		本格	본격
				帽子	모자		本職	본직
	【ほ】			宝石	보석		本籍	본적
	法案	법안	△	豊富	풍부		本能	본능
	法学	법학	○	亡命	망명		本部	본부
	法則	법칙		母音	모음		本文	본문
	法廷	법정		母国	모국		本来	본래
	法律	법률		母胎	모태			
○	貿易	무역		簿記	부기		【ま】	
○	防火	방화		牧師	목사		毎月	매월
○	妨害	방해		牧場	목장		毎日	매일
○	防御	방어		保健	보건		毎年	매년
○	防止	방지		保険	보험	○	埋蔵	매장
○	防水	방수	○	保護	보호	○	摩擦	마찰
○	包括	포괄		保守	보수		魔術	마술
○	包装	포장	○	保有	보유		魔女	마녀
○	放棄	방기		募集	모집		魔性	마성
○	放水	방수	○	補助	보조		魔法	마법
○	放送	방송		舗装	포장	○	麻酔	마취
○	忘却	망각		墓地	묘지		麻薬	마약
	方向	방향	○	没頭	몰두		末期	말기

○ 抹殺	말살	○ 魅惑	매혹	無料	무료
満員	만원	民間	민간	△ 無情	무정
満期	만기	民主	민주		
△ 満足	만족	民衆	민중	【め】	
満点	만점	民俗	민속	名画	명화
漫画	만화	民族	민족	名曲	명곡
万年	만년			名作	명작
		【む】		名称	명칭
【み】		△ 無益	무익	名声	명성
未完	미완	△ 無害	무해	名品	명품
未決	미결	無言	무언	名簿	명부
△ 未熟	미숙	無罪	무죄	名誉	명예
未定	미정	無産	무산	△ 明確	명확
未読	미독	○ 無視	무시	迷信	미신
○ 未納	미납	矛盾	모순	冥土	명토
未満	미만	△ 無数	무수	冥福	명복
未来	미래	無声	무성	○ 命令	명령
○ 未詳	미상	無地	무지	眼鏡	안경
○ 密会	밀회	無断	무단	○ 面会	면회
○ 密告	밀고	△ 無敵	무적	○ 免罪	면죄
密室	밀실	△ 無知	무지	○ 免除	면제
△ 密接	밀접	△ 無念	무념	○ 免税	면세
○ 密輸	밀수	△ 無能	무능	面積	면적
○ 密着	밀착	△ 無名	무명	○ 面接	면접
妙案	묘안	無理	무리	○ 面談	면담

【も】

	盲人	맹인		野球	야구
	盲目	맹목		野菜	야채
	猛毒	맹독		野獣	야수
	毛髪	모발		野生	야생
○	目撃	목격		野望	야망
	目次	목차		薬学	약학
	目的	목적		薬剤	약제
	目録	목록		薬草	약초
	模擬	모의		薬品	약품
	模型	모형		薬局	약국
	模範	모범		役割	역할
	木材	목재	○	約束	약속
	木曜	목요		夜景	야경
	木工	목공	○	夜行	야행
○	黙想	묵상			
○	黙認	묵인			
○	模索	모색			
	勿論	물론			
	文字	문자			
	問題	문제			

【ゆ】

△	唯一	유일
	唯物	유물
○	遺言	유언
△	憂鬱	우울
○	誘拐	유괴
○	誘致	유치
○	誘惑	유혹
△	有効	유효
	有罪	유죄

【や】

○	野営	야영
	野外	야외

	有線	유선
△	有能	유능
	勇気	용기
△	優秀	우수
○	優勝	우승
△	優勢	우세
○	優先	우선
○	優待	우대
	優等	우등
	友情	우정
	郵便	우편
△	有望	유망
○	輸出	수출
○	輸送	수송
○	輸入	수입
○	癒着	유착
	油田	유전

【よ】

○	用意	용의
	用件	용건
	用語	용어
	用紙	용지
○	養育	양육
	養子	양자

	要因	요인		余地	여지		理由	이유
	要員	요원					理論	이론
	要件	요건		【ら】			利益	이익
	要素	요소		来月	내월		利害	이해
○	要約	요약	○	来航	내항		利己	이기
	容器	용기		来週	내주		利子	이자
	容疑	용의		来年	내년	○	利用	이용
	様式	양식		来賓	내빈		陸上	육상
	洋酒	양주		楽園	낙원	○	離婚	이혼
	洋食	양식	○	楽観	낙관	○	離別	이별
	洋服	양복	○	落後	낙후		律法	율법
○	預金	예금	○	落札	낙찰		略字	약자
○	抑圧	억압	○	落選	낙선		略図	약도
○	抑制	억제	○	落第	낙제	○	留学	유학
	浴室	욕실	○	落下	낙하	○	留置	유치
	欲情	욕정		裸身	나신	○	流行	유행
○	予言	예언		裸体	나체	○	流出	유출
○	予告	예고	○	拉致	납치		流星	유성
	予算	예산		卵子	난자	○	諒解	양해
○	予習	예습	○	乱雑	난잡		領海	영해
○	予想	예상					領土	영토
○	予測	예측		【り】			猟奇	엽기
○	予報	예보	○	理解	이해		料金	요금
○	予防	예방		理性	이성	○	料理	요리
○	予約	예약	○	理髪	이발	○	療養	요양

○	両立	양립		煉炭	연탄		論理	논리
	旅客	여객	○	連続	연속		論壇	논단
	旅館	여관		連邦	연방			
	旅券	여권		連盟	연맹	【わ】		
	緑茶	녹차	○	連絡	연락	○	矮小	왜소
	履歴	이력	○	連発	연발	○	歪曲	왜곡
	臨時	임시	○	連合	연합	○	和解	화해
	倫理	윤리	△	烈烈	열렬	△	和睦	화목
							話題	화제
【る】			【ろ】			○	割引	할인
	類型	유형		老眼	노안		腕力	완력
○	類似	유사		老人	노인			
	流言	유언		労作	노작			
○	流布	유포	○	労働	노동			
			○	朗読	낭독			
【れ】			○	浪費	낭비			
	冷水	냉수	○	録音	녹음			
○	冷房	냉방	○	録画	녹화			
	例外	예외	○	露出	노출			
△	冷酷	냉혹		路線	노선			
	歴史	역사		路程	노정			
	列国	열국	○	論議	논의			
	列島	열도	○	論述	논술			
○	恋愛	연애	○	論争	논쟁			
○	練習	연습		論文	논문			

第4章

よく使われるハングルの基本単語

　ロビー、コーヒー、ライター、デザインなど日本語になっているものは、韓国でもほとんどそのまま使われている。したがって、これらについては省いた。漢字の熟語については、別にまとめているので、それを利用するといいだろう。なお、ハングルの動詞は日本語と違って原形と現在形が異なるので、ここでは現在形で示した。形容詞についても、連体形で示している。

【あ】
アーチスト　아티스트［アティストゥ］
アート　아트［アートゥ］
愛　애정［エジョン］
IQ　아이큐［アイキュ］
愛する　사랑한다［サランハンダ］
あいだ　사이［サイ］
相手方　상대방［サンデバン］
空いてる　비어 있다［ピヨイッタ］
会う　만난다［マンナンダ］
赤ちゃん　아이・아기［アイ・アギ］
明るい　밝은［パルグン］
秋　가을［カウル］
あげる　준다［チュンダ］
あさって　모레［モレー］
足　다리［ターリ］
味　맛［マッ］
預ける　맡긴다［マッキンダ］
汗　땀［タム］
遊ぶ　논다［ノンダ］
暖かい　따뜻한［タットゥッタン］
頭　머리［モリ］
あちら側　저쪽［チョッチョク］
あなた　당신［タンシン］
歩く　걷는다［コンヌンダ］
安全な　안전한［アンジョナン］
案内　안내［アンネ］
胃　위［ウィ］

言い訳　핑계 [ピンゲ]
言う　말한다 [マランダ]
行く　간다 [カンダ]
行く所　가는 곳 [カヌン ゴッ]
椅子　의자 [ウィジャ]
痛い　아픈 [アップン]
１日中　하루종일 [ハルジョンイル]
イベント　이벤트 [イベントゥ]
今　지금 [チグム]
インテリ　인텔리 [インテルリ]
インテリア　인테리어 [インテリオ]
インプット　인풋 [インプッ]
色　색깔 [セッカル]
受け取り人　받는 사람 [パンヌン サラム]
受ける　받는다 [パンヌンダ]
薄い　얇은 [ヤルブン]
歌　노래 [ノレ]
歌う　부른다 [プルンダ]
海　바다 [パダ]
うるさい　시끄러운 [シックロウン]

駅　역 [ヨッ]
エキサイト　엑사이트 [エクサイトゥ]
エゴイズム　에고이즘 [エゴイジュム]
絵はがき　그림엽서 [クリムヨプソ]
遠足　소풍 [ソプン]
多い　많은 [マーヌン]
往復　왕복 [ワンボッ]
大きさ　크기 [クギィ]
オーダー　오더 [オードゥ]
大通り　큰거리 [クンコリ]
丘(高台)　언덕 [オンドッ]
おかしな　이상한 [イサンハン]
置く　놓는다 [ノンヌンダ]
送る　보낸다 [ポネンダ]
押す　밀다 [ミルダ]
お釣　거스름돈 [コスルムトン]
お釣り　잔돈 [チャンドン]
お腹が空く　배고픈 [ペゴプン]
同じ　같은 [カットゥン]
オファー　오퍼 [オポー]

重い　무거운 [ムゴウン]
重さ　무게 [ムゲ]
降りる　내린다 [ネリンダ]
終わる　끝난다 [クンナンダ]

【か】
蚊　모기 [モギー]
海岸　바닷가 [パダッカ]
合計　합계 [ハプケ]
快適な　쾌적한 [クェチョッカン]
開店　개점 [ケジョム]
ガイド　가이드 [カイドゥ]
買う　산다 [サンダ]
帰る　돌아간다 [トラガンダ]
換える　바꾸다 [パックダ]
顔　얼굴 [オルグル]
書く　쓴다 [スンダ]
籠　바구니 [パグニ]
風邪(かぜ)　감기 [カムギ]
風邪薬　감기약 [カムギヤク]
肩　어깨 [オッケ]
片道　편도 [ピョンド]
カット　컷 [コッ]
角(かど)　모퉁이 [モトゥンイ]
カバー　커버 [コボー]
紙　종이 [チョンイ]
カミソリ　면도기 [ミョンドギ]
雷　번개 [ポンゲ]
釜　솥 [ソッ]
火曜日　화요일 [ファヨイル]
カラー　컬러 [コルロー]
辛い　매운 [メウン]
体　몸 [モム]
ガラス　유리 [ユリー]
借りる　빌린다 [ピルリンダ]
彼　그・그이 [クー・クイ]
代わりに　대신에 [テシネ]
韓国料理　한국요리 [ハングンニョリ]
簡単な　간단한 [カンダナン]
感謝する　감사한다 [カムサハンダ]
木　나무 [ナムー]
聞く　듣는다 [トゥンヌンダ]
喫茶店　다방 [タバン]
ギャップ　갭 [ケプ]
キャンセル　캔슬 [ケンスル]
牛肉　소고기 [ソコギ]

第4章

霧　안개 [アンゲ]
切る　자른다 [チャルンダ]
禁止　금지 [クムジ]
金曜日　금요일 [クミョイル]
臭い　냄새 [ネムセ]
下さい　주세요 [チュセヨ]
口　입 [イプ]
靴下　양말 [ヤンマル]
国(くに)　나라 [ナラ]
首　목 [モク]
暗い　어두운 [オドゥウン]
繰り返し　되풀이 [テプリ]
来る　온다 [オンダ]
車　차 [チャー]
クレーム　클레임 [クレイム]
黒い　검은 [コムン]
加える　더한다 [トハンダ]
毛　머리카락 [モリカラク]
警察署　경찰서
　　[キョンチャルソ]
計算書　계산서 [ケサンソ]
芸術　예술 [イェスル]
芸術家　예술가 [イェスルガ]
経費　경비 [キョンビ]
契約　계약 [ケヤク]

下宿　하숙 [ハスク]
月曜日　월요일 [ウォリョイル]
煙　연기 [ヨンギ]
下痢　설사 [ソルサ]
現金　현금 [ヒョングム]
健康　건강 [コンガン]
検査　검사 [コムサ]
濃い　진한 [チナン]
コイン　동전 [トンジョン]
公園　공원 [コンウォン]
公演　공연 [コンヨン]
広告　광고 [クァンゴ]
口座番号　계좌번호
　　[ケジャポノ]
交差点　사거리 [サゴリ]
交差路　교차로 [キョチャロ]
工事中　공사 중
　　[コンサ ジュン]
高速道路　고속도로
　　[コソクトロ]
高速バス　고속버스
　　[コソクポス]
交通　교통 [キョトン]
行動　행동 [ヘンドン]
交番　파출소 [パチュルソ]

声　소리 [ソリ]
氷　얼음 [オルム]
故郷　고향 [コヒャン]
故障　고장 [コジャン]
国際線　국제선 [ククチェソン]
国際電話　국제전화 [ククチェチョナ]
国籍　국적 [ククチョク]
国内　국내 [クンネー]
腰　허리 [ホリ]
答える　대답한다 [テダプハンダ]
こちら側　이쪽 [イッチョク]
異なる　다른 [タルン]
子供　아이 [アイ]
ゴミ　쓰레기 [スレギ]
コメント　코멘트 [コメントゥ]
小麦粉　밀가루 [ミルカル]

【さ】

魚　생선 [センソン]
先払い　선불 [ソンブル]
避ける　피한다 [ピハンダ]
サッカー　축구 [チュククー]
寂しい　외로운 [ウェロウン]
寒い　추운 [チュウン]
皿　접시 [チョプシ]
触る　만진다 [マンジンダ]
塩　소금 [ソグム]
事故　사고 [サゴ]
仕事　일 [イル]
システム　시스템 [システム]
下　아래 [アレ]
品切れ　품절 [プムジョル]
支払う　지불한다 [チブルハンダ]
島　섬 [ソム]
閉める　닫는다 [タンヌンダ]
弱点　약점 [ヤクチョム]
住所　주소 [チュソ]
週末　주말 [チュマル]
重要な　중요한 [チュンヨハン]
準備　준비 [チュンビ]
小便　소변 [ソビョン]
食堂　식당 [シクタン]
所持品　소지품 [ソジプム]
調べてみる　알아본다 [アラボンダ]

知り合い　아는 사람 ［アヌン サラム］
知る　안다 ［アンダ］
親切な　친절한 ［チンジョラン］
心配する　걱정한다 ［コッチョンハンダ］
水曜日　수요일 ［スヨイル］
すぐに行く　곧장 간다 ［コッチャン カンダ］
すぐれた　뛰어난 ［ティヨナン］
スタミナ　스태미나 ［ステミナ］
砂　모래 ［モレ］
全て　모든 ［モドゥン］
する　한다 ［ハンダ］
スムーズ　스무스 ［スムース］
座る　앉는다 ［アンヌンダ］
税金　세금 ［セグム］
セクション　섹션 ［セクション］
狭い　좁은 ［チョブン］
背中　등 ［トゥン］
装飾品　장식품 ［チャンシクプム］

そこ　거기 ［コギ］
底　바닥 ［パダク］
袖　소매 ［ソメ］
その　그 ［クー］
空　하늘 ［ハヌル］

【た】

滞在　체재 ［チェジェ］
大使館　대사관 ［テサグァン］
大多数　대다수 ［テダス］
台所　부엌 ［プオク］
高い　높은 ［ノップン］
(値が)高い　비싼 ［ピッサン］
タクシー　택시 ［テクシ］
建物　건물 ［コンムル］
楽しい　즐거운 ［チュルゴウン］
食べる　먹는다 ［モンヌンダ］
足りない　모자란다 ［モジャランダ］
小さい　작은 ［チャグン］
近い　가까운 ［カッカウン］
地下鉄　지하철 ［チハチョル］
近道　지름길 ［チルムキル］
父　아버지 ［アボジ］

忠告　충고［チュンゴ］
使える　쓸모있는［スルモインヌン］
次(の)　다음［タウム］
作る　만든다［マンドゥンダ］
妻　아내［アネ］
爪　손톱［ソントプ］
強い　강한［カンハン］
テイク アウト　테이크 아웃［テイク アウッ］
できる　할 수 있다［ハルス イッタ］
手荷物　수하물［スハムル］
寺　절［チョル］
天気　일기［イルギ］
唐辛子の粉　고춧가루［コチュッカル］
通り　거리［コリ］
特徴　특징［トゥッチン］
どこ　어디［オディ］
とにかく　어쨌든［オッチェットゥン］
どの　어느［オヌ］
土曜日　토요일［トヨイル］
どれ　어느 것［オヌ ゴッ］
どんな　어떤［オットン］
鳥　새［セェ］

【な】

ナイフ(刀類)　칼［カル］
泣く　운다［ウンダ］
何曜日　무슨 요일［ムスン ヨイル］
生ビール　생맥주［センメクチュ］
肉料理　고기 요리［コギ ヨリ］
虹　무지개［ムジゲ］
日曜日　일요일［イリョイル］
日本　일본［イルボン］
日本大使館　일본대사관［イルボンテサグァン］
荷物　짐［チム］
ニュースソース　뉴스 소스［ニュス ソース］
ニンニク　마늘［マヌル］
熱　열［ヨル］
ネットワーク　네트워크［ネットゥウォク］
眠る　잔다［チャンダ］
年末　연말［ヨンマル］

のみの市　벼룩시장
　　　［ピョルクシジャン］
飲みもの　마실 것
　　　［マシル コッ］
飲む　마신다［マシンダ］
乗り換え　환승
　　　［ファンスン］
乗り換える　갈아탄다
　　　［カラタンダ］
乗り換える所　갈아타는 곳
　　　［カラタヌン ゴッ］
乗り場　승차장
　　　［スンチャジャン］
乗る　탄다［タンダ］
のり巻　김밥［キムパプ］

【は】
歯　이［イー］
場合　경우［キョンウ］
パートナー　파트너［パトゥノー］
灰皿　재떨이
　　　［チェットリ］
バイブル　바이블［パイブル］

入る　들어간다
　　　［トゥロカンダ］
墓　묘［ミョ］
吐く　토한다［トハンダ］
博物館　박물관
　　　［パンムルグァン］
ハサミ　가위［カウィ］
箸　젓가락
　　　［チョッカラク］
始まる　시작한다
　　　［シジャッカンダ］
走る　달린다［タルリンダ］
バス停　버스 정류장
　　　［ポス チョンニュジャン］
パスポート　여권［ヨックォン］
バック　백［ペク］
発送人　발송인［パルソンイン］
鼻　코［コォー］
話　이야기［イヤギ］
母　어머니［オモニ］
歯ブラシ　칫솔［チッソル］
腹　배［ペ］
払う　갚는다［カムヌンダ］
繁華街　번화가［ポノァガ］

ハンカチ	손수건	[ソンスゴン]
反対側	반대쪽	[パンデッチョク]
被害	피해	[ピヘー]
膝	무릎	[ムルプ]
非常口	비상구	[ピサング]
ぴったりだ	어울린다	[オウルリンダ]
引っぱる	당긴다	[タンギンダ]
皮膚	피부	[ピブー]
暇な	한가한	[ハンガハン]
ひも	줄	[チュル]
百貨店	백화점	[ペックァジョム]
病院	병원	[ピョンウォン]
病気	병	[ピョン]
広い	넓은	[ノルブン]
便箋	편지지	[ピョンジジ]
品質	품질	[プムジル]
服	옷	[オッ]
拭く	닦는다	[タンヌンダ]
複雑な	복잡한	[ポクチャプパン]
豚肉	돼지고기	[テェジコギ]
普通	보통	[ポトン]
古い	오래된	[オレデン]
風呂	목욕	[モギョク]
平日	평일	[ピョンイル]
閉店	폐점	[ペジョム]
部屋代	방세	[パンセ]
便秘	변비	[ピョンビ]
弁明	변명	[ピョンミョン]
便利な	편리함	[ピョルリハム]

【ま】

枕	베개	[ペェゲ]
待つ	기다린다	[キダリンダ]
学ぶ	배운다	[ペウンダ]
見える	본다	[ポンダ]
短い	짧은	[チャルブン]
水	물	[ムル]
店	가게	[カゲ]
皆さん	여러분	[ヨロブン]
耳	귀	[クィ]
ムード	무드	[ムードゥ]
向う側	건너편	[コンノピョン]
蒸す	찐다	[チンダ]
難しい	어려운	[オリョウン]
息子	아들	[アドゥル]

娘　딸［タル］
胸　가슴［カスム］
村　마을［マウル］
目　눈［ヌン］
メカニズム　메카니즘［メカニジュム］
メッセージ　메시지［メッシジ］
メディア　메디어［メディオ］
免税　면세［ミョンセ］
毛布　담요［タムニョ］
木曜日　목요일［モギョイル］
持っている　가지고 있다［カジゴ イッタ］
持って来る　가지고 온다［カジゴ オンダ］

【や】
薬味　양념［ヤンニョム］
(値が)安い　싼［ッサン］
山　산［サン］
やる(与える)　준다［チュンダ］
湯　뜨거운 물［トゥゴウン ムル］
床　마루［マルー］
ゆっくり　천천히［チョンチョニ］
ユニバーサル　유니버설［ユニボーソル］
夢　꿈［クム］
良い　좋은［チョウン］
酔う　취한다［チィハンダ］
楊子　이쑤시개［イッスシゲ］
※日本語の「ようじ」もよく使われている。
汚れた　더러운［トロウン］
読む　읽는다［インヌンダ］
喜ぶ　반갑게［パンガプケ］

【ら】
リード　리드［リードゥ］
理髪屋　이발소［イバルソ］
料金　요금［ヨグム］
例　예［イェ］
廊下　복도［ポクト］
路地　골목［コルモク］

【わ】

ワイフ **와이프** [ワイプ]	悪い **나쁜** [ナップン]
綿 **면** [ミョン]	分ける **나눈다** [ナヌンダ]
私 **나는** [ナヌン]	割引 **할인** [ハリン]
私たち **우리들** [ウリドゥル]	湾 **만** [マン]
笑う **웃는다** [ウンヌンダ]	

キム　ヨン　グォン
金　容　権

1947年　岡山県生まれ
1971年　早稲田大学文学部卒

＜主な著書＞
『朝鮮語の決まり文句』（南雲堂）
『朝鮮語単語文法活用辞典』（共著、南雲堂）
『ハングル12章』（講談社）など多数。

やさしい初歩のハングル決まり文句　＜CD付＞

2004年8月26日　1刷

著　者　　　金　容　権
発行者　　　南雲一範
発行所　　　株式会社　南雲堂
　　　　　　〒162-0801　東京都新宿区山吹町361
　　　　　　電話　　　（03）3268-2384（営業部）
　　　　　　　　　　　（03）3268-2387（編集部）
　　　　　　FAX　　　（03）3260-5425（営業部）
　　　　　　口座振替　00160-0-46863
印刷所　　　日本ハイコム株式会社　　製本所　東京美術紙工

URL　　nanun-do.co.jp　　　　　　　　　　　　　　＜P-51＞
e-mail　naundo@post.email.ne.jp
乱丁、落丁本はお取替いたします。
Printed in Japan　　＜検印省略＞
注意　本書を無断で複写・複製して使用すると著作権法違反
　　　となります。
ISBN 4-523-51051-2 C0087

한글표·반절표
(ハングル表 · 反切表)

基本形 / 複合形母音

母音\子音	ㅏ ア a	ㅑ ヤ ya	ㅓ オ ĕ	ㅕ ヨ yĕ	ㅗ オ o	ㅛ ヨ yo	ㅜ ウ u	ㅠ ユ yu	ㅡ ウ ŭ	ㅣ イ i	ㅐ エ ae
ㄱ ク·グ k·g	가 カ·ガ ka·ga	갸 キャ·ギャ kya·gya	거 コ·ゴ kĕ·gĕ	겨 キョ·ギョ kyeo·gyeo	고 コ·ゴ ko·go	교 キョ·ギョ kyo·gyo	구 ク·グ ku·gu	규 キュ·ギュ kyu·gyu	그 ク·グ keu·geu	기 キ·ギ ki·gi	걔 yae
ㄴ ヌ n	나 ナ na	냐 ニャ nya	너 ノ nĕ	녀 ニョ nyeo	노 ノ no	뇨 ニョ nyo	누 ヌ nu	뉴 ニュ nyu	느 ヌ neu	니 ニ ni	녜 e
ㄷ トゥ·ドゥ t·d	다 タ·ダ ta·da	(댜) テャ·デャ tya·dya	더 ト·ド tĕ·dĕ	(뎌) テョ·デョ tyeo·dyeo	도 ト·ド to·do	(됴) トョ·ドョ tyo·dyo	두 トゥ·ドゥ tu·du	듀 テュ·デュ tyu·dyu	드 トゥ·ドゥ teu·deu	디 ティ·ディ ti·di	뎨 ye
ㄹ ル r	라 ラ ra	랴 リャ rya	러 ロ reo	려 リョ ryeo	로 ロ ro	료 リョ ryo	루 ル ru	류 リュ ryu	르 ル reu	리 リ ri	롸 wa
ㅁ ム m	마 マ ma	(먀) ミャ mya	머 モ meo	며 ミョ myeo	모 モ mo	묘 ミョ myo	무 ム mu	(뮤) ミュ myu	므 ム meu	미 ミ mi	뫠 wae
ㅂ プ·ブ p·b	바 パ·バ pa·ba	뱌 ピャ·ビャ pya·bya	버 ポ·ボ peo·beo	벼 ピョ·ビョ pyeo·byeo	보 ポ·ボ po·bo	뵤 ピョ·ビョ pyo·byo	부 プ·ブ pu·bu	뷰 ピュ·ビュ pyu·byu	브 プ·ブ peu·beu	비 ピ·ビ pi·bi	뵈 oe
ㅅ ス s	사 サ sa	(샤) シャ sya	서 ソ seo	셔 ショ syeo	소 ソ so	(쇼) ショ syo	수 ス su	(슈) シュ syu	스 ス seu	시 シ si	숴 weo
ㅇ ウ o	아 ア a	야 ヤ ya	어 オ eo	여 ヨ yeo	오 オ o	요 ヨ yo	우 ウ u	유 ユ yu	으 ウ eu	이 イ i	웨 we
ㅈ チュ·ジュ ch·j	자 チャ·ジャ cha·ja	(쟈) チャ·ジャ chya·jya	저 チョ·ジョ cheo·jeo	져 チョ·ジョ chyeo·jyeo	조 チョ·ジョ cho·jo	(죠) チョ·ジョ chyo·jyo	주 チュ·ジュ chu·ju	(쥬) チュ·ジュ chyu·jyu	즈 チュ·ジュ cheu·jeu	지 チ·ジ chi·ji	쥐 wi
ㅊ チュ ch	차 チャ cha	(챠) チャ chya	처 チョ cheo	(쳐) チョ chyeo	초 チョ cho	(쵸) チョ chyo	추 チュ chu	(츄) チュ chyu	츠 チュ cheu	치 チ chi	킈 eui
ㅋ ク k'	카 カ ka	캬 キャ kya	커 コ keo	켜 キョ kyeo	코 コ ko	쿄 キョ kyo	쿠 ク ku	큐 キュ kyu	크 ク keu	키 キ ki	
ㅌ トゥ t'	타 タ ta	(탸) テャ tya	터 ト teo	(텨) テョ tyeo	토 ト to	(툐) トョ tyo	투 トゥ tu	(튜) テュ tyu	트 トゥ teu	티 ティ ti	
ㅍ プ p'	파 パ pa	퍄 ピャ pya	퍼 ポ peo	펴 ピョ pyeo	포 ポ po	표 ピョ pyo	푸 プ pu	퓨 ピュ pyu	프 プ peu	피 ピ pi	
ㅎ フ h	하 ハ ha	햐 ヒャ hya	허 ホ heo	혀 ヒョ hyeo	호 ホ ho	효 ヒョ hyo	후 フ hu	휴 ヒュ hyu	흐 フ heu	히 ヒ hi	

ㄱ·ㄷ·ㅂ·ㅈは語頭では濁りません。

[カタカナ] 가따까나

ア 아	イ 이	ウ 우	エ 에	オ 오
カ 가	キ 기	ク 구	ケ 게	コ 고
サ 사	シ 시	ス 스	セ 세	ソ 소
タ 다	チ 찌	ツ 쯔	テ 데	ト 도
ナ 나	ニ 니	ヌ 누	ネ 네	ノ 노
ハ 하	ヒ 히	フ 후	ヘ 헤	ホ 호
マ 마	ミ 미	ム 무	メ 메	モ 모
ヤ 야	イ 이	ユ 유	エ 에	ヨ 요
ラ 라	リ 리	ル 루	レ 레	ロ 로
ワ 와	イ 이	ウ 우	エ 에	ヲ 오
ン 응				